# LOS DOS ESPIRITUS

## LIBRO DE LECCIONES - NIVEL TRES

**Los dos espíritus: el Espíritu divino y el espíritu humano**

*Tomado de los escritos de*
WATCHMAN NEE y WITNESS LEE

*Living Stream Ministry*
Anaheim, California

© 2000 Living Stream Ministry

Todos los derechos reservados. Ninguna parte de esta obra puede ser reproducida o trasmitida por ningún medio —gráfico, electrónico o mecánico, lo cual incluye fotocopiado, grabación o sistemas informáticos— sin el consentimiento escrito del editor.

Primera edición: diciembre del 2000.

ISBN 0-7363-1125-4

Traducido del inglés
Título original: *Lesson Book, Level Three:
Two Spirits—the Divine Spirit
and the Human Spirit*
(Spanish Translation)

Publicado por

*Living Stream Ministry*
2431 W. La Palma Ave., Anaheim, CA 92801 U.S.A.
P. O. Box 2121, Anaheim, CA 92814 U.S.A.

*Impreso en los Estados Unidos de América*

00 01 02 03 04 05 / 9 8 7 6 5 4 3 2 1

# CONTENIDO

## El Espíritu Divino

| | |
|---|---|
| Introducción | 5 |
| 1 Los dos espíritus | 9 |
| 2 El Espíritu todo-inclusivo | 17 |
| 3 El Espíritu compuesto | 25 |
| 4 El Espíritu vivificante que mora en los creyentes | 33 |
| 5 El Espíritu siete veces intensificado | 39 |
| 6 El Espíritu en Sus aspectos esencial y económico | 47 |
| 7 La obra del Espíritu en los creyentes (1) la regeneración | 55 |
| 8 La obra del Espíritu en los creyentes (2) la santificación | 61 |
| 9 La obra del Espíritu en los creyentes (3) la transformación | 69 |
| 10 La obra del Espíritu en los creyentes (4) la unción, el sello y las arras | 72 |
| 11 La obra del Espíritu en los creyentes (5) los fortalece y los suple para que proclamen a Cristo | 83 |
| 12 El Espíritu y la Palabra | 91 |

# El espíritu humano

13  El espíritu humano  99

14  La diferencia entre el espíritu y el alma  107

15  Renunciar al alma y volverse al espíritu  115

16  Conocer nuestro espíritu  123

17  El espíritu mezclado  131

18  Ser llenos en espíritu  137

19  Ejercitar nuestro espíritu  143

20  Andar conforme al espíritu y
    dos clases de andar por el Espíritu  151

21  Servir en nuestro espíritu  157

22  El Dios Triuno como Espíritu
    satura al hombre tripartito  165

23  El Cuerpo de Cristo
    y nuestro espíritu regenerado  173

24  La consumación de los dos espíritus  181

# INTRODUCCION AL LIBRO DE LECCIONES

## Acerca de los libros de lecciones

Este libro forma parte de una serie de lecciones orientadas a enseñar la verdad específicamente a estudiantes de secundaria y preparatoria en nuestras "escuelas de la verdad". Los libros pueden variar en cuanto a estilo y formato, debido a que fueron escritos durante un período de varios años.

## Acerca de este libro de lecciones

Este es el tercer libro de dicha serie. Todas las lecciones están basadas en escritos recopilados del hermano Watchman Nee y el hermano Witness Lee, aunque no fueron revisados por ellos.

El libro anterior, *El Dios Triuno y la persona y obra de Cristo*, muestra que nuestro Dios se revela maravillosamente como un Dios triuno, con el fin de impartirse en nosotros. La Biblia revela que Dios el Padre es quien planea, Dios el Hijo realiza lo que el Padre planeó y Dios el Espíritu aplica todo lo planeado y realizado. Este tercer libro de lecciones presenta detalladamente cómo el Espíritu aplica todo esto a nosotros. El Espíritu vivificante, que lo es todo, nos trae la realidad del Dios Triuno para que la experimentemos.

[En este tomo] también veremos que el espíritu humano es la clave vital para disfrutar al Espíritu todo-inclusivo; es el elemento estratégico para experimentar la salvación completa que Dios nos brinda. Dios comienza a impartirse en nosotros al regenerar nuestro espíritu humano y se extiende a nuestra alma mediante los procesos de santificación y transformación. ¡El Espíritu de Dios reside en nuestro espíritu! Este Espíritu divino es maravilloso y está disponible, pero es muy difícil experimentarlo si no conocemos nuestro espíritu humano.

En los dos espíritus —el Espíritu divino y el espíritu humano— está incluida la economía de Dios, la cual consiste en que el Dios Triuno, quien se procesó y ahora es el Espíritu, desea impartirse en el hombre tripartito con el fin de producir el Cuerpo de Cristo. Si deseamos estar en esta economía y disfrutar la impartición divina, tenemos que conocer los dos espíritus. Todo ser humano necesita que Dios se imparta en él, así que tenemos la responsabilidad de hablarles a otros sobre esto. ¡Oramos para que todos ustedes se sumerjan en estas verdades y en el Espíritu! ¡Luego, salgan y hablen de esto a todo el mundo!

**Estructura de las lecciones**

El título de cada lección establece el tema que se tratará en ella. Los versículos que aparecen en la lectura bíblica se pueden leer u orar-leer. El bosquejo provee una visión general de cada lección y es muy provechoso leerlo antes de entrar a la lección. El texto de la lección sigue la estructura del bosquejo. Las citas que aparecen entre corchetes [ ] son citas textuales tomadas de las publicaciones de los hermanos Watchman Nee y Witness Lee. Las preguntas al final de cada lección tienen el propósito de ayudar al alumno a entender y asimilar la lección. Además, se incluye una lista de libros con su autor, casa publicadora y número de página de todo el material citado. Finalmente, se provee otra lista de libros como referencia adicional para los diferentes temas de cada lección. El nombre "Nee" se refiere al hermano Watchman Nee, y el nombre "Lee", al hermano Witness Lee. Las siglas "LSM" significan *Living Stream Ministry*.

**Versiones usadas para las citas bíblicas**

Las citas bíblicas del Antiguo Testamento fueron tomadas de la versión Reina Valera 1960, y para los versículos del Nuevo Testamento, se usó la Versión Recobro.

**La actitud apropiada para estudiar la Biblia con la ayuda del libro de lecciones**

El libro de lecciones no reemplaza la Biblia, más bien, se basa en ella. Este libro es simplemente una serie de lecciones basadas en la Biblia, que nos ayuda en el estudio de la misma. No lo use como fuente de autoridad para respaldar las verdades o enseñanzas bíblicas. Antes bien, debe utilizar la propia Biblia como el único fundamento, es decir, que debe citar específicamente el libro, capítulo y versículo bíblico que apoyan lo que se afirma. También debe adiestrarse en cómo combinar los versículos afines relacionados con el tema. Invierta el tiempo necesario para conocer la Palabra de Dios y citarla con certeza.

## La manera de estudiar la Biblia usando el libro de lecciones

La esencia de la Palabra de Dios es el Espíritu; por ende, siempre que acudamos a ella debemos usar nuestro espíritu, y la mejor manera de hacerlo es orando. Debemos orar antes, durante y después de estudiar el libro de lecciones. También es importante tener comunión con otros mientras estudiamos. No es suficiente leer para uno mismo sin tener comunión con otros creyentes. La comunión del Cuerpo es necesaria y nos ayuda a obtener la visión celestial.

## Sugerencias para efectuar la escuela de la verdad

Se sugiere que la escuela de la verdad tenga una duración de seis semanas. Cada semana podría dividirse en cuatro días y en cada día se podrían asignar tres horas de estudio, lo cual daría un total de veinticuatro días, con tres horas cada día. Esto proveerá suficiente tiempo para orar, preparar las lecciones y tener comunión. Recomendamos que cada estudiante desarrolle el hábito de escribir profecías basadas en cada una de las lecciones, y que profetice, es decir, que hable de parte de Cristo, que proclame a Cristo cuando habla a los demás. Cada estudiante debe esforzarse por experimentar individual y corporativamente lo que vaya aprendiendo.

Hemos orado y continuaremos orando por ustedes, para que disfruten de la Escuela de la Verdad, avancen en el pleno conocimiento de la verdad y sean edificados en su localidad. ¡Amén!

Junio de 1990                                    Paul Hon
Pleasant Hill, California

Lección uno

## LOS DOS ESPIRITUS

**Lectura bíblica**

Jn. 3:6; 4:24; Ro. 8:16; Gn. 1:26; Ef. 1:10; 3:9; 1 Ti. 6:16; Jn. 1:14; 20:22; 14:17

**Bosquejo**

I. El propósito eterno de Dios
   A. Un pueblo que exprese a Dios
   B. El hombre es hecho a imagen de Dios
II. La manera en que Dios lleva a cabo Su propósito eterno
   A. La economía (oikonomía) de Dios
   B. Dios se imparte en el hombre a fin de producir el Cuerpo de Cristo
III. Dios llega al hombre como Espíritu
   A. Cómo Dios entra en los creyentes
   B. El Espíritu es la trasmisión de Dios
IV. El Espíritu es el Dios Triuno completo
V. El Espíritu de realidad
VI. El espíritu humano
   A. El órgano con el cual establecemos contacto con Dios
   B. La clave para experimentar la vida cristiana
   C. La grandeza del espíritu del hombre

**Texto**

El Nuevo Testamento contiene tres versículos importantes que hablan de los dos espíritus: el humano y el divino, los cuales debemos memorizar. Se trata de Juan 3:6; 4:24 y Romanos 8:16.

[En Juan 3:6 leemos: "Lo que es nacido del Espíritu, espíritu es". Este versículo habla de dos espíritus distintos: uno se escribe con letra mayúscula y el otro con minúscula. La primera mención se refiere al Espíritu Santo de Dios, y la segunda, al espíritu humano. Lo que es nacido del Espíritu Santo es el espíritu humano. Otro versículo que menciona los dos espíritus es Juan 4:24: "Dios es Espíritu; y los que le adoran, en espíritu y con veracidad es necesario que adoren". Una vez más, el primer "Espíritu" se escribe con letra mayúscula y el segundo con minúscula. Debemos adorar a Dios, quien es el Espíritu, en nuestro espíritu humano. Romanos 8:16 también confirma la existencia de los dos espíritus: "El Espíritu mismo da testimonio juntamente con nuestro espíritu, de que somos hijos de Dios". El pronombre "nuestro" designa al espíritu humano y elimina cualquier duda acerca de la realidad de ambos: el Espíritu divino y el espíritu humano.]

Hay personas que han sido cristianas por muchos años, pero que nunca han visto los dos espíritus en estos versículos. Sin embargo, ésta es una verdad crucial en cuanto a Dios, a Su propósito y a nuestra experiencia cristiana.

## I. EL PROPOSITO ETERNO DE DIOS

### A. Un pueblo que exprese a Dios

[Efesios 3 revela que en la eternidad pasada Dios planeó forjarse en Sus escogidos. Su propósito eterno consiste en tener un pueblo que lo contenga a El como vida, de modo que Dios esté en ellos y ellos sean uno con El. Este pueblo es el Cuerpo de Cristo, el cual expresa a Dios en Cristo. Primero ellos son la iglesia, y finalmente llegan a ser la Nueva Jerusalén.]

### B. El hombre es hecho a imagen de Dios

[La Biblia dice que en la eternidad pasada Dios estaba solo. Entonces, El se propuso obtener un Cuerpo para Cristo. Con este fin creó primero el universo y luego al hombre, quien es el centro mismo del universo. Génesis 1:26 declara que el hombre fue hecho de una manera específica: a imagen y semejanza de Dios. ¿Por qué hizo Dios al hombre conforme a Sí mismo? Porque Su propósito era que un día entraría en el hombre; el hombre sería el recipiente, y Dios, el contenido. Por lo tanto, desde el inicio mismo, cuando el hombre fue creado, todo quedó dispuesto para que el hombre contuviera a Dios.]

### II. LA MANERA EN QUE DIOS LLEVA A CABO SU PROPOSITO ETERNO

#### A. La economía *(oikonomía)* de Dios

Dios lleva a cabo Su propósito eterno por medio de Su "economía". [La economía de Dios consiste en impartirse en Su pueblo escogido, predestinado y redimido, para ser su vida, su provisión de vida y el todo para ellos. Hemos invertido mucho tiempo estudiando el término griego *oikonomía,* el cual se traduce economía o administración y se usa en Efesios 1:10; 3:9 y 1 Timoteo 1:4. La palabra griega se compone de los vocablos *óikos,* que significa casa, y *nómos,* que significa ley. La raíz de este vocablo comunica la idea de repartir o distribuir alimentos, suministrándolos en porciones. Esta palabra alude también a la distribución de alimentos al ganado para apacentarlo. La economía de Dios consiste en distribuirse en nosotros como vida y suministro de vida.]

#### B. Dios se imparte en el hombre para producir el Cuerpo de Cristo

[Conforme a Su economía, Dios se imparte en Su pueblo como vida, como suministro de vida y como el todo para ellos, lo cual incluye ser su fortaleza, poder, sabiduría, justicia, santidad, amor, bondad y sus atributos y virtudes. Esta es la economía de Dios. Mediante esta economía se producen los muchos creyentes que componen el Cuerpo del Hijo de Dios, los cuales expresan plenamente al Dios Triuno. Esta es nuestra visión en cuanto a la economía divina.]

### III. DIOS LLEGA AL HOMBRE COMO ESPIRITU

#### A. Cómo Dios entra en los creyentes

¿De qué manera puede el Dios infinito impartirse en el hombre finito? [El Padre por Sí solo no puede entrar en nosotros (lo mismo es verdad en cuanto al Hijo). El Padre es inaccesible (1 Ti. 6:16), pero el Hijo vino y fijó tabernáculo entre nosotros (Jn. 1:14). No obstante, aun así, El no podía entrar en nosotros, debido a que era sangre y carne. Como un hombre que poseía un cuerpo físico, El podía estar entre los apóstoles, pero no podía entrar en ellos. Así que un día les dijo que tenía que morir y resucitar. Por medio de Su muerte y Su resurrección, Su forma física cambió a una forma espiritual, y El llegó a ser el Cristo pneumático, capaz de entrar en Sus discípulos (Jn. 20:22). Así llega a nosotros el Dios Triuno. Cuando El se une a Sus redimidos, lo hace como Espíritu.]

### B. El Espíritu es la trasmisión de Dios

[Dios el Padre está corporificado en Dios el Hijo, y Dios el Hijo es hecho real, trasmitido, experimentado y obtenido por nosotros, en Dios el Espíritu. El Espíritu, el tercero de la Deidad, es el Dios que llega a ser nuestra realidad y experiencia. Esto significa que el Espíritu de Dios es quien nos trae la realidad del Dios Triuno. Por esta razón, en nuestra experiencia, el Dios Triuno es el Espíritu.

La corriente eléctrica es un ejemplo de cómo el Espíritu nos aplica al Dios Triuno. Sin la corriente eléctrica, la electricidad no tiene ninguna aplicación. Para que la electricidad se pueda aplicar, ésta necesita convertirse primero en la corriente eléctrica. Esto no quiere decir que la corriente eléctrica sea diferente a la electricidad. La corriente eléctrica es sencillamente la electricidad en movimiento. Bajo este mismo principio, el que nos aplica al Dios Triuno es el Espíritu. El Espíritu es la corriente del Dios Triuno, la cual podemos aplicar. El es el Dios Triuno en movimiento.]

### IV. EL ESPIRITU ES EL DIOS TRIUNO COMPLETO

Además, [es muy importante entender que el Espíritu, el tercero de la Deidad, nos comunica la realidad del Padre y del Hijo. Esto quiere decir que es imposible separar al Espíritu Santo del Hijo y del Padre. Los tres de la Deidad no sólo coexisten, sino que moran el uno en el otro. Así que, entre los tres —el Padre, el Hijo y el Espíritu— existen estos dos aspectos de morar mutuo. Dios es triuno; El es tres y simultáneamente uno.] Ya hemos abarcado estos asuntos cabalmente en el libro de lecciones titulado: *El Dios Triuno*.

[Cuando el Dios Triuno llega a nosotros, El lo hace en Su forma final y consumada: el Espíritu Santo. No piense que cuando el Espíritu Santo llega a usted, solamente viene el tercero de la Deidad, y que el Padre y el Hijo permanecen en el cielo. Algunos cristianos sostienen este concepto. No creen que Cristo está en nosotros, sino que afirman que El envió al Espíritu Santo como Su representante. Este concepto es totalmente erróneo. La Biblia jamás dice que el Espíritu sea el representante del Hijo en los creyentes. Antes bien, las Escrituras muestran que cuando el Espíritu Santo viene a nosotros, el Hijo viene juntamente con El y en El. Además, el Padre viene con el Hijo y con el Espíritu. En otras palabras, cuando el Espíritu Santo viene a nosotros, viene el Dios Triuno. Basándonos en la Biblia, podemos afirmar que el Padre es la fuente, el Hijo es el cauce y el Espíritu es el fluir. ¡Cuán maravilloso es que el Espíritu Santo sea la forma consumada en la que el Dios Triuno llega a usted y a mí!]

### V. EL ESPIRITU DE REALIDAD

Debido a que el Espíritu es la realidad del Dios Triuno, se le llama el Espíritu de realidad (Jn. 14:17; 15:26; 16:13). [En Juan 16:13 vemos que el Espíritu de realidad nos guía a toda la realidad: "Pero cuando venga el Espíritu de realidad, El os guiará a toda la realidad; porque no hablará por Su propia cuenta, sino que hablará todo lo que oye, y os hará saber las cosas que habrán de venir". El Espíritu de realidad guía a los creyentes a toda la realidad del Dios Triuno y de todos los asuntos divinos. El Espíritu nos guía a la realidad de la justificación, la santidad, el amor y a todas las demás realidades divinas. No sólo nos guía, sino que nos conduce a la realidad de estas cosas.]

[Para aplicar todo lo que Dios y Cristo son, necesitamos al Espíritu. Debemos alabar al Señor porque hoy El no es solamente el Padre y el Hijo, sino también el Espíritu. No es solamente la fuente y el cauce, sino también la aplicación. El Espíritu llega a nosotros, entra en nuestro ser y nos aplica todo lo que necesitamos del Padre y del Hijo. Esto es maravilloso.]

## VI. EL ESPIRITU HUMANO

### A. El órgano con el cual establecemos contacto con Dios

[El hombre puede compararse a un radio. El Espíritu de Dios es como las ondas radiales celestiales, y el espíritu del hombre, como un receptor de radio. Muchos "radios" no funcionan porque sus dueños no usan su espíritu. Muchas personas no pueden establecer contacto con Dios porque su receptor interior no funciona.] Si el hombre no poseyera un espíritu, no podría tener contacto con Dios.

### B. La clave para experimentar la vida cristiana

[Experimentamos el nuevo nacimiento en nuestro espíritu (Jn. 3:6); recibimos vida en nuestro espíritu (Ef. 2:5; Ro. 8:10); Dios mora en nuestro espíritu (Ef. 2:22; 2 Ti. 4:22; Ro. 8:16); en nuestro espíritu estamos unidos al Señor (1 Co. 6:17); y con nuestro espíritu podemos tener contacto con Dios y adorarlo (Jn. 4:24). Ahora es necesario que andemos conforme a nuestro espíritu y centremos todo nuestro ser en él: debemos servir en el espíritu (Ro. 1:9), orar en el espíritu (Ef. 6:18), ser llenos en espíritu (Ef. 5:18), recibir la revelación de Dios en el espíritu (Ef. 1:17; 3:5; Ap. 1:10; 4:2; 17:3; 21:10), tener comunión con los hermanos en el espíritu (Fil. 2:1) y ser edificados con otros como morada de Dios en el espíritu (Ef. 2:22).]

### C. La grandeza del espíritu del hombre

[Zacarías 12:1 revela que existen tres elementos cruciales en la obra creadora de Dios: los cielos, la tierra y el espíritu del hombre. Este versículo dice que Jehová "extiende los cielos y funda la tierra, y forma el espíritu del hombre dentro de él". ¡Cuán importante es nuestro espíritu! Los cielos son útiles para la tierra, pues sin ellos, la tierra no podría albergar nada orgánico. Además, la tierra se hizo para el hombre, y el hombre, para Dios. A fin de que el hombre sirva a Dios, necesita un receptor, el cual es el espíritu humano. ¡Alabado sea el Señor que estamos en la tierra por causa del plan de Dios! ¡Aleluya que fuimos creados por El a Su imagen y conforme a Su semejanza; que tenemos un espíritu para recibirlo a Él, y que Él como Espíritu divino entró en nuestro espíritu humano y nos hizo Sus hijos para obtener Su expresión! En esto consiste Su plan.]

**RESUMEN**

El propósito de Dios es obtener un pueblo que le exprese. Él lleva a cabo este propósito por medio de Su economía. En Su economía, Dios se imparte como Espíritu en el hombre. Dios puede impartirse en el hombre debido a que Él es el Espíritu y el hombre tiene un espíritu. El Espíritu trasmite al Dios Triuno completo, y el espíritu humano recibe dicha trasmisión divina. Nuestro espíritu es el órgano por el cual establecemos contacto con el Dios Triuno; así que, el espíritu humano es sumamente importante en el universo. El Espíritu divino se imparte en el espíritu humano, y así cumple Dios Su deseo.

**Preguntas**

1. ¿Cuáles son los tres versículos del Nuevo Testamento que mencionan a la vez el Espíritu divino y el espíritu humano? Escríbalos.
2. ¿En qué consiste el propósito eterno de Dios?
3. ¿Cómo cumple Dios Su propósito?
4. ¿Qué significa la palabra griega *oikonomía*?
5. ¿Cómo puede el gran Dios entrar en el hombre?
6. ¿Constituye el Espíritu un tercio de la Deidad únicamente?
7. ¿Por qué los escritos de Juan llaman al Espíritu: "el Espíritu de realidad"?
8. ¿Qué importancia tiene el espíritu humano?

**Citas tomadas de las publicaciones de Lee y LSM**

1. La economía de Dios, pág. 27.
2. *The Completing Ministry of Paul* [El ministerio de Pablo, que completa la revelación divina], pág. 9.
3. *The Vision of the Lord's Recovery, Elder's Training, Book 2* [Adiestramiento para ancianos], libro 2, págs. 17-18.
4. *The Divine Dispensing of the Divine Trinity* [La impartición divina de la Trinidad Divina], pág. 26.

5. Estudio-vida de Romanos, págs. 628-629.
6. *Life-study of Philippians* [Estudio-vida de Filipenses], págs. 335-337.
7. *The Fulfillment of the Tabernacle and the Offerings in the Writings of John* [El cumplimiento del tabernáculo y las ofrendas en los escritos de Juan], pág. 413.
8. Estudio-vida de Juan, págs. 475-476.
9. *Life Messages* [Mensajes de vida], pág. 613.
10. Nuestro espíritu humano, pág. 5.
11. La revelación básica contenida en las santas Escrituras, pág. 17.

Lección dos

# EL ESPIRITU TODO-INCLUSIVO

## Lectura bíblica

Gn. 1:2; Ez. 11:5; Lc. 1:35; Jn. 7:37-39; Hch. 16:6-7; Ro. 8:9-11; Fil. 1:19; Ap. 22:17

## Bosquejo

I. La revelación progresiva acerca del Espíritu divino
  A. El Espíritu de Dios
  B. El Espíritu de Jehová
  C. El Espíritu Santo
  D. El Espíritu que "aún no había"
  E. El Espíritu de Jesús
  F. El Espíritu de Cristo
  G. El Espíritu de Jesucristo
II. El Espíritu: el Dios Triuno procesado que lo es todo
III. Salvos por la abundante suministración del Espíritu

## Texto

Hemos visto que Dios es Espíritu y que por ende puede llegar al hombre y entrar en él. Sin embargo, el hecho de que Dios entrara en el hombre no fue algo sencillo. El Dios Triuno tuvo que pasar por un largo proceso para poder impartirse en nosotros. Esto se ve cuando examinamos lo que la Biblia revela acerca del Espíritu divino.

### I. LA REVELACION PROGRESIVA ACERCA DEL ESPIRITU DIVINO

[La revelación en la Biblia en cuanto a Dios, Cristo y el Espíritu es progresiva; comienza en Génesis 1 y se desarrolla progresivamente hasta llegar a su consumación en el libro de Apocalipsis.]

## A. El Espíritu de Dios

[La primera vez que se menciona el Espíritu en las Escrituras ocurre en Génesis 1:2, donde dice que el Espíritu de Dios se movía sobre las aguas. Con relación a la creación, al Espíritu se le llama específicamente "el Espíritu de Dios".]

## B. El Espíritu de Jehová

[La relación que Dios tiene con el hombre ciertamente es más íntima que la que tiene con la creación.] [Después de crear al hombre, Dios permaneció íntimamente relacionado con él. En Su relación con el hombre, el título de Dios es Jehová. A esto obedece que en el Antiguo Testamento, al Espíritu de Dios usualmente se le llame "el Espíritu de Jehová". El Espíritu de Jehová descendió sobre ciertas personas, lo cual indica que dicho Espíritu tiene que ver con el hecho de que Dios llegue al hombre (Jue. 3:10; Ez. 11:5). Los títulos principales atribuidos al Espíritu divino en el Antiguo Testamento son: el Espíritu de Dios y el Espíritu de Jehová.]

## C. El Espíritu Santo

El primer título divino otorgado al Espíritu en el Nuevo Testamento es: el "Espíritu Santo". [En el momento de la encarnación, al Espíritu de Dios se le llamó el Espíritu Santo (Mt. 1:18, 20; Lc. 1:35). Andrew Murray, en su obra maestra *El Espíritu de Cristo,* señala que el título divino "Espíritu Santo", no se usa en el Antiguo Testamento. En Salmos 51:11 y en Isaías 63:10-11, "Espíritu Santo" debe traducirse "Espíritu de santidad". El término "Espíritu Santo" no se introdujo sino hasta que llegó el tiempo de preparar el camino para la venida del Señor, y de preparar un cuerpo humano para El, al inicio de la dispensación del Nuevo Testamento (Lc. 1:15, 35).]

[El título divino "Espíritu Santo", se menciona por primera vez en Lucas 1:35. Dicho título se presenta en el momento en que el Señor Jesús fue concebido por una virgen humana. Esto era necesario porque algo común iba a ser hecho santo. En este versículo, al niño que iba a nacer se le llama "lo santo". El Espíritu Santo entró en un ser humano para engendrar algo santo. Cuando el Espíritu Santo viene a nosotros, seres humanos comunes, nosotros también somos hechos santos.]

## D. El Espíritu que "aún no había"

Ahora llegamos a un punto crucial, aunque misterioso, en la revelación progresiva en cuanto al Espíritu. [En Juan 7:37-38, el Señor Jesús clamó: "Si alguno tiene sed, venga a Mí y beba. El que cree en Mí, como dice la Escritura, de su interior correrán ríos de agua viva". Luego, en el versículo 39, Juan explica que el Señor dijo esto "del Espíritu que habían de recibir los que creyesen en El; pues aún no había el Espíritu, porque Jesús no había sido aún glorificado". Juan no usa los títulos "el Espíritu de Dios", "el Espíritu de Jehová", ni "el Espíritu Santo", sino "el Espíritu". Además, él declara que cuando Jesús se dirigió a las personas, "aún no había el Espíritu". Algunas traducciones del Nuevo Testamento dicen: "... el Espíritu no había *sido dado* todavía", pero las palabras "sido dado" son insertadas; no aparecen en el texto griego. El Espíritu de Dios estaba en Génesis 1, y el Espíritu de Jehová vino sobre los profetas del Antiguo Testamento. ¿Por qué entonces, en Juan 7 dice que "aún no había el Espíritu"?]

[En el capítulo siete de Juan, el Señor Jesús estaba todavía en la carne; no estaba en gloria, es decir, que aún no estaba en resurrección. Debido a que aún no había resucitado, aún no había el Espíritu. Por supuesto, el Espíritu de Dios existía desde el principio (Gn. 1:1-2), pero el Espíritu como Espíritu de Jesús (Hch. 16:7), Espíritu de Cristo (Ro. 8:9) y Espíritu de Jesucristo (Fil. 1:19), "aún no había", hasta que el Señor fue glorificado mediante Su resurrección. Después de Su resurrección, el Espíritu de Dios llegó a ser el Espíritu del Jesucristo encarnado, crucificado y resucitado. Esto alude a un proceso.

En Génesis 1:2 vemos al Espíritu de Dios, el cual sólo poseía un elemento: la esencia divina. Después de la encarnación, crucifixión y resurrección del Señor Jesús, el Espíritu llegó a ser el Espíritu de Jesús, el Espíritu de Cristo y el Espíritu de Jesucristo. Cuando el Espíritu era solamente el Espíritu de Dios, el único elemento que había en El era la esencia divina. Pero cuando el Espíritu de Dios llegó a ser el Espíritu de Jesús, le fue añadida la esencia humana.]

### E. El Espíritu de Jesús

[En Hechos 16:6, el Espíritu Santo les prohibió a Pablo y a sus colaboradores que hablaran la palabra en Asia, y en el versículo 7, el Espíritu de Jesús no les permitió entrar a Bitinia. En estos dos versículos, primero se menciona el Espíritu Santo, y luego, el Espíritu de Jesús. Si estudiamos el contexto del versículo 7, nos daremos cuenta de que Pablo se hallaba sufriendo. Por esta razón el Espíritu de Jesús estaba con él. El Espíritu de Jesús contiene los elementos de la humanidad del Señor, Su vida humana y Su crucifixión. Debido a que en Hechos 16 Pablo pasaba por algunos sufrimientos y experimentaba la muerte de Cristo, en ese momento, el Espíritu de Dios, el Espíritu del Señor y el Espíritu Santo fueron para él el Espíritu de Jesús; el Espíritu del Jesús encarnado, quien vivió en la tierra como hombre y fue crucificado.]

### F. El Espíritu de Cristo

[Romanos 8:9 dice: "Mas vosotros no estáis en la carne, sino en el espíritu, si es que el Espíritu de Dios mora en vosotros. Y si alguno no tiene el Espíritu de Cristo, no es de Él". Los versículos 9, 10 y 11 están relacionados con la resurrección de Cristo. El Espíritu de Cristo mencionado en el versículo 9 contiene el elemento de la resurrección. Este Espíritu es el Espíritu de Dios que se menciona en el mismo versículo y el Espíritu de vida que se menciona en el versículo 2.

En el Espíritu se halla la encarnación, la humanidad, la vida humana, la muerte y la resurrección de Cristo. Esto lo revelan los diferentes títulos dados al Espíritu. Si el Espíritu no contuviera los elementos de la encarnación, la vida humana y la crucifixión, ¿por qué entonces llamarle el Espíritu de Jesús? Asimismo, si el Espíritu no contuviera el elemento de la resurrección, ¿por qué llamársele el Espíritu de Cristo? Además, si el Espíritu no contuviera la vida divina, ¿por qué se le llama el Espíritu de vida? Los títulos del Espíritu aluden a ciertos hechos y realidades. Por consiguiente, con base en los títulos del Espíritu que se usan en el Nuevo

Testamento, podemos afirmar que en el Espíritu de Jesús se hallan la encarnación, la humanidad, los sufrimientos y la crucifixión; y el Espíritu de Cristo contiene la resurrección, el poder de la misma y la vida divina.

### G. El Espíritu de Jesucristo

[En Filipenses 1:19 Pablo habla del Espíritu de Jesucristo: "Porque sé que por vuestra petición y la abundante suministración del Espíritu de Jesucristo, esto resultará en mi salvación". Cuando Pablo escribió estas palabras, se encontraba en prisión. Pero aunque era un prisionero, podía regocijarse, debido a que tenía la suministración abundante del Espíritu de Jesucristo. El apóstol disfrutó el Espíritu del Jesús sufrido, y el Espíritu del Cristo resucitado. Este Espíritu suministró y sostuvo a Pablo en sus sufrimientos, de tal manera que él pudo regocijarse. Por eso Pablo pudo decir en Filipenses 1:20-21: "Conforme a mi anhelo y esperanza de que en nada seré avergonzado; antes bien con toda confianza, como siempre, ahora también será magnificado Cristo en mi cuerpo, o por vida o por muerte. Porque para mí el vivir es Cristo, y el morir es ganancia".]

## II. EL ESPÍRITU: EL DIOS TRIUNO PROCESADO QUE LO ES TODO

Cuando unimos todos los aspectos y elementos del Espíritu, obtenemos la totalidad, el producto final conocido en el Nuevo Testamento como "el Espíritu" (Ro. 8:16, 23, 26, 27; Gá. 3:14; 5:16-18, 22, 25; 1 P. 1:2; Ap. 2:7; 14:13; 22:17). Este Espíritu maravilloso finalmente adquirió un título tan sencillo. No obstante, aunque Su título es sencillo, el Espíritu está lleno de elementos divinos los cuales podemos disfrutar. Este Espíritu es el Espíritu de Dios, el Espíritu de Jehová, el Espíritu Santo, el Espíritu de Jesús, el Espíritu de Cristo y el Espíritu de Jesucristo. Ahora, El es el Espíritu todo-inclusivo, compuesto y vivificante. Este Espíritu, el Dios Triuno procesado, mora en los creyentes.

[Hemos visto que en el tiempo de Juan 7:39, "aún no había" el Espíritu. Eso fue antes de que el Señor Jesús fuera crucificado y luego glorificado en resurrección. Pero ahora, los que creemos en Cristo, podemos disfrutar al Espíritu, el cual se convierte en ríos de agua viva que fluyen desde nuestro interior. Según Juan 7:38-39, el Espíritu, quien lo es todo, sería los ríos de agua viva que fluyen de nosotros, lo cual significa que en nuestra experiencia, el Espíritu llega a ser los muchos ríos de agua viva. Esto habla del disfrute que tenemos del Espíritu.]

### III. SALVOS POR LA ABUNDANTE SUMINISTRACIÓN DEL ESPÍRITU

[En Filipenses 1, Pablo fue salvo de una situación particular mediante el suministro abundante del Espíritu. En el capítulo dos, el apóstol le muestra a los creyentes cómo ellos pueden experimentar una salvación constante en las circunstancias cotidianas. Por ejemplo, en 2:14 dice: "Haced todo sin murmuraciones y argumentos". Las murmuraciones y argumentos son parte de nuestra vida diaria. Es posible que no odiemos ni nos enojemos, pero ciertamente razonamos y murmuramos a diario.]

Es muy común sentirnos insatisfechos con la situación que vivimos en el hogar o la escuela. Quizás nos encontremos restringidos y presionados, y pensemos que necesitamos libertad y paz. Pero nada de esto cambia la situación ni nos hace felices. ¡Lo que realmente necesitamos es la abundante suministración del Espíritu todo-inclusivo! Pablo estaba en prisión condenado a morir, sin embargo, podía regocijarse (Fil. 4:4). El dijo: "He aprendido a contentarme, cualquiera que sea mi situación" (Fil. 4:11). La próxima vez que sienta que su situación es una "prisión", debe declarar: "¡Alabado sea el Señor! ¡Gracias, Señor, por esta situación maravillosa! ¡Querido Señor, Tú eres todo lo que necesito!" Esto no es una simple teoría, sino algo práctico que se puede experimentar. Si lo hacemos, seremos salvos de muchas cosas negativas y nos llevará a expresar a Cristo ante los que nos rodean.

### RESUMEN

La revelación bíblica en cuanto al Espíritu es progresiva. En el Antiguo Testamento, el Espíritu era simplemente el Espíritu de Dios y el Espíritu de Jehová. No fue sino hasta el tiempo de la encarnación del Señor, en el Nuevo Testamento, que se introdujo el título "Espíritu Santo". El "Espíritu de Dios" existía desde el principio, pero "aún no había el Espíritu", hasta que el Señor pasó por el proceso de la encarnación, la vida humana, la muerte y la resurrección. ¡El Espíritu hoy ha llegado a ser el Espíritu todo-inclusivo, que incluye todos los elementos divinos los cuales podemos disfrutar!

**Preguntas**

1. ¿Cuáles son los principales títulos usados para denominar al Espíritu de Dios en el Antiguo Testamento? ¿A qué estaban relacionados dichos títulos?
2. ¿Cuándo se usó por primera vez el término "Espíritu Santo"?
3. ¿Por qué se dice que "aún no había el Espíritu" en Juan 7?
4. ¿Cuáles son los elementos que contiene el Espíritu de Jesús y el Espíritu de Cristo respectivamente?
5. ¿Cuál es el título consumado del Espíritu divino? ¿Qué incluye?

**Citas tomadas de las publicaciones de Lee y LSM**

1. *Life-study of Philippians* [Estudio-vida de Filipenses], pág. 41.
2. La revelación básica contenida en las Santas Escrituras, págs. 34-35.
3. *The Completing Ministry of Paul* [El ministerio de Pablo, un ministerio que completa la revelación divina], pág. 50.
4. La revelación básica contenida en las Santas Escrituras, pág. 35.
5. *The Fulfillment of the Tabernacle and the Offerings in the Writings of John* [El cumplimiento del tabernáculo y las ofrendas en los escritos de Juan], pág. 380.
6. Estudio-vida de Exodo, págs. 1679-1680, 1682.
7. Life-study of Philippians, págs. 424-425.

Lección tres

## EL ESPIRITU COMPUESTO

**Lectura bíblica**

Ex. 30:22-25; Sal. 45:7; Is. 61:1; Col. 3:5; Gá. 5:24; Ro. 8:13; Jn. 7:39

**Bosquejo**

I. El ungüento compuesto, de Exodo 30
II. El significado de los ingredientes
   A. Aceite de olivas
   B. Mirra
   C. Canela
   D. Cálamo
   E. Casia
III. El significado de los números y de las medidas
   A. Un hin de aceite con cuatro especias
   B. Tres unidades de quinientos siclos
   C. Cinco elementos
IV. El Espíritu compuesto

**Texto**

**I. EL UNGÜENTO COMPUESTO, DE EXODO 30**

En la lección anterior vimos que el Espíritu divino que se revela en el Antiguo Testamento era solamente el Espíritu de Dios y el Espíritu de Jehová, y que "aún no había el Espíritu" todo-inclusivo, porque el Dios Triuno aún no se había procesado. Exodo 30:22-25 muestra un cuadro maravilloso del Espíritu que lo es todo. "Habló más Jehová a Moisés, diciendo: Tomarás especias finas: de mirra excelente quinientos siclos, y de canela aromática la mitad, esto es, doscientos cincuenta, de cálamo aromático doscientos cincuenta, de casia quinientos ... y de aceite de olivas un hin. Y harás de ello el aceite de la santa unción; superior ungüento...". (El hin y el siclo son unidades de medidas antiguas.)

El aceite de la santa unción era aplicado al tabernáculo y a todo su contenido, y a los sacerdotes que servían en él. Este ungüento es un tipo o símbolo del "Espíritu compuesto". Un compuesto se produce cuando se unen o se mezclan diferentes elementos o ingredientes. Cada ingrediente de este ungüento compuesto y su unidad de medida nos muestran algo muy significativo acerca del Espíritu.

## II. EL SIGNIFICADO DE LOS INGREDIENTES

### A. Aceite de olivas

[En la Biblia, el aceite de olivas representa al Espíritu de Dios (Sal. 45:7; Is. 61:1). Este aceite se produce exprimiendo las olivas, y representa al Espíritu de Dios, el cual, debido a la presión que sufrió Cristo al morir, fluyó de El.

El aceite de olivas es la base del ungüento; es el elemento básico con el cual se mezclan las cuatro especias. Estas se añaden al aceite de olivas para producir el ungüento, lo cual indica que el Espíritu de Dios, tipificado por el aceite de olivas, ya no es simplemente aceite, sino que ha llegado a ser un compuesto de aceite junto con ciertos ingredientes.]

### B. Mirra

[La mirra aromática, de olor dulce pero de sabor amargo, representa la preciosa muerte de Cristo. En la Biblia la mirra se usa principalmente en los entierros; así que, está relacionada con la muerte. Según Juan 19, cuando Nicodemo y otros preparaban el cuerpo del Señor Jesús para la sepultura, utilizaron mirra.

La mirra proviene de un árbol aromático, el cual secreta su jugo o sabia como resultado de una cortada o incisión, o por alguna abertura natural. En tiempos antiguos, este jugo se usaba para reducir el sufrimiento de las personas mientras éstas morían. Cuando el Señor Jesús estaba siendo crucificado, le ofrecieron vinagre mezclado con mirra para mitigar Su dolor. Sin embargo, El rehusó tomarlo. Sin duda, la mirra de Exodo 30 es un símbolo de la muerte del Señor.]

## C. Canela

La canela aromática representa la dulzura y eficacia de la muerte de Cristo. [La eficacia de la muerte de Cristo se encuentra en el Espíritu. Este Espíritu es semejante a una dosis medicinal completa. Algunas medicinas lo incluyen todo, es decir, contienen los elementos necesarios para nutrir, y los elementos capaces de matar los microbios. El Espíritu todo-inclusivo es como una dosis que lo incluye todo. Si lo tomamos, nos sanará, no importa cuál sea nuestra enfermedad. El Espíritu contiene el elemento nutritivo y el elemento aniquilador. El poder aniquilador de la muerte de Cristo se encuentra hoy en el Espíritu todo-inclusivo.]

En Colosenses 3:5 [Pablo dice: "Haced morir, pues, vuestros miembros terrenales: fornicación, impureza, pasiones, malos deseos y avaricia, que es idolatría". En nuestros miembros pecaminosos gobierna la ley del pecado, la cual nos lleva cautivos al pecado y causa que nuestro cuerpo corrupto sea el cuerpo de muerte (Ro. 7:23-24). De manera que, nuestros miembros, que son pecaminosos, están identificados con las cosas pecaminosas, tales como la fornicación, la impureza, las pasiones, los malos deseos y la avaricia.]

Gálatas 5:24 dice: "Pero los que son de Cristo Jesús han crucificado la carne con sus pasiones y concupiscencias". Cristo logró una crucifixión completa, y ahora la podemos aplicar a nuestra carne lujuriosa. Observe, sin embargo, que esto es completamente diferente al ascetismo.

[Esto corresponde a Romanos 8:13, que dice: "Porque si vivís conforme a la carne, habréis de morir; mas si por el Espíritu hacéis morir los hábitos del cuerpo, viviréis". Por nosotros mismos, no podemos hacer morir los hábitos del cuerpo, así como no podemos crucificarnos nosotros mismos.]

[Nuestros intentos por hacer morir los hábitos del cuerpo no son otra cosa que ascetismo. Sin embargo, aunque no creemos en el ascetismo, sí debemos valernos del poder del Espíritu Santo y hacer morir las prácticas negativas que hay en nosotros. Para lograrlo, debemos abrirnos al Espíritu y permitir que éste fluya en nosotros. A medida que el Espíritu fluya en nosotros, experimentaremos la eficacia de la muerte de

Cristo. Esto no es ascetismo; más bien, es la operación del Espíritu en nosotros.]

[Podemos experimentar la obra aniquiladora del Espíritu en nuestra vida diaria. Supongamos que cierto hermano no le da importancia al Espíritu que mora en él, rechaza la obra del Espíritu, y discute con su esposa diciéndole cosas desagradables. Sin embargo, supongamos que este mismo hermano, se une al Espíritu por medio de la oración, vive en el Espíritu y anda en El. Si éste es el caso, será muy difícil que el hermano discuta con su esposa, pues cuando lo intente, el elemento de la muerte de Cristo operará en él y le será imposible discutir con ella. Muchos hermanos casados han tenido este tipo de experiencia.] Puede ser que usted no esté casado, pero debe aplicar esto a su situación familiar y a la manera en que se relaciona con sus amigos.

### D. Cálamo

[El cálamo que se menciona en Exodo 30 alude a una caña. La raíz hebrea de la palabra mirra significa: fluir, y la raíz de la palabra cálamo significa: levantarse. El cálamo crece en lugares pantanosos, en el fango; pero a pesar de ello, crece muy alto, es decir, se eleva. Según la secuencia de las especies, el cálamo habla de que el Señor fue levantado de la muerte. Nuestro Señor fue puesto en un pantano, en una situación de muerte, pero El se levantó en resurrección. Por lo tanto, el cálamo representa la preciosa resurrección de Cristo.]

### E. Casia

[La cuarta especia, la casia, representa el poder de la resurrección de Cristo. La casia y la canela pertenecen a la misma especie. La canela proviene de la parte interna de la corteza, y la casia, de la parte externa. Ambas, la canela y la casia, son dulces y aromáticas. Además, las plantas de las que éstas provienen, por lo general, viven y crecen en lugares donde otras plantas no crecen.

En tiempos antiguos, la casia se usaba como un repelente contra insectos y culebras. Por ende, la casia representa el poder y la eficacia de la resurrección de Cristo. La

resurrección de Cristo puede resistir cualquier circunstancia y Su resurrección es ciertamente un repelente poderoso, que ahuyenta todos los "insectos" malignos, y especialmente a la serpiente antigua, el diablo.]
  [Todos los días debemos aplicarnos al Espíritu vivificante, que repele a Satanás. Cuando invocamos el nombre del Señor Jesús, no sólo bebemos de El; sino que también nos aplicamos al Espíritu vivificante como repelente. Si no aplicamos este repelente temprano por la mañana, la serpiente nos atacará y perderemos la paciencia durante el día. Pero si invocamos el nombre del Señor varias veces, no solamente beberemos del agua viva, sino también nos aplicaremos el repelente divino. Cada vez que lo hagamos, la culebra huirá.]

### III. EL SIGNIFICADO DE LOS NUMEROS Y DE LAS MEDIDAS

#### A. Un hin de aceite con cuatro especias

[En la tipología, los números son muy significativos. En Exodo 30 tenemos uno más cuatro. El número uno representa al único Dios. Dios, representado por una unidad completa, un hin de aceite de olivas, es único y completo. El número cuatro representa a las criaturas. En Ezequiel 1 y Apocalipsis 4, leemos acerca de cuatro criaturas vivientes. En la Biblia, el número cuatro siempre representa a las criaturas. Por lo tanto, en el ungüento compuesto vemos a Dios, representado por el número uno, y a las criaturas, representadas por el cuatro. Esto indica que el ungüento se produce al añadirse Dios a Su criatura, el hombre, es decir, que está compuesto de Dios y el hombre. Dios, el elemento básico, está representado por el aceite de olivas, y el hombre, por las cuatro especias.]

#### B. Tres unidades de quinientos siclos

[En el Espíritu compuesto también vemos al Dios Triuno: el Padre, el Hijo y el Espíritu. Tal vez usted se pregunte cómo se puede ver al Dios Triuno en el tipo del ungüento compuesto. En el ungüento, el Dios Triuno aparece tipificado por las tres unidades de medida de las cuatro especias (Ex.

30:23-24). El compuesto tenía quinientos siclos de mirra, doscientos cincuenta siclos de canela y cálamo respectivamente, y quinientos siclos de casia. Aunque había cuatro especias, éstas conformaban un total de tres unidades de quinientos siclos. Pero ¿cómo aplicamos esto al Dios Triuno? La primera unidad es de quinientos siclos de mirra; sin embargo, la segunda unidad está dividida en dos: doscientos cincuenta siclos de canela y doscientos cincuenta siclos de cálamo; mientras que la tercera unidad es de quinientos siclos de casia. Notemos que la segunda unidad, la del centro, está dividida en dos partes. Seguramente esto alude al segundo del Dios Triuno, o sea, al Hijo y a Su crucifixión.]

### C. Cinco elementos

Finalmente, veremos el significado del número cinco. [El ungüento está compuesto de cinco elementos básicos: aceite de olivas, mirra, canela, cálamo y casia. La cantidad añadida al aceite de olivas es cien veces cinco. En la Biblia, el número cinco, que se compone de cuatro más uno, denota responsabilidad. Tanto los Diez Mandamientos como las diez vírgenes están divididos en dos grupos de cinco (Ex. 34:28-29; Mt. 25:1-2). Mire su mano, tiene cuatro dedos y un pulgar, lo cual permite que usted lleve a cabo responsabilidades. Si tuviera sólo cuatro dedos sin el pulgar, le sería muy difícil sujetar las cosas. ¿Representa usted el número cuatro o cinco? Si Dios le ha sido añadido, usted representa el número cinco. Estoy seguro de en mí se ve el número cinco, porque Dios se me ha añadido. El significado del número cinco es que el Espíritu vivificante todo-inclusivo se añade a nosotros para que llevemos responsabilidades. Mientras más disfrutemos al Espíritu de Cristo, el cual lo es todo, más capacidad tendremos para desempeñar nuestras responsabilidades.]

### IV. EL ESPIRITU COMPUESTO

¡Alabado sea el Señor! La Biblia es verdaderamente un libro maravilloso. Aquellos que dicen que la Biblia no es la Palabra de Dios, seguramente nunca han visto el cuadro tan maravilloso que ella presenta del ungüento compuesto. Basados en este cuadro podemos entender claramente por qué en

Juan 7:39 aún no había el Espíritu. Antes de la encarnación del Señor, de Su vida humana, de Su crucifixión y de Su resurrección, el Espíritu de Dios no estaba completo; solamente tenía divinidad y nada más. Pero ahora, el Espíritu es más que simplemente el Espíritu de Dios.

[Hoy el Espíritu de Dios es el Espíritu de Jesús, el Espíritu de Cristo y el Espíritu de Jesucristo. En este Espíritu todo-inclusivo disfrutamos a Dios, la humanidad elevada de Jesús, la dulzura y eficacia de la muerte de Cristo, Su resurrección y el poder de la misma. Todos estos elementos integran el ungüento compuesto. Debemos recordar que el Espíritu de Cristo ya no es solamente el aceite de olivas, sino el ungüento compuesto, esto es, el Espíritu procesado. Ciertamente elaborar un compuesto involucra un proceso. ¡Aleluya!, hoy no tenemos a un Espíritu que simplemente contiene divinidad, sino a uno que lo incluye todo, un compuesto que incluye la divinidad, la humanidad de Jesús, la muerte de Cristo y Su resurrección. Basados en nuestra experiencia podemos testificar que Dios, la humanidad de Jesús, la eficacia de la muerte de Cristo y Su poderosa resurrección, están incluidos en el Espíritu todo-inclusivo. Este es el Espíritu de Dios mezclado con la humanidad de Cristo, Su muerte y Su resurrección.]

En esta lección hemos abarcado muchas verdades. Debemos invertir algún tiempo para aprender y memorizar cuáles son los diferentes ingredientes del ungüento, sus medidas y lo que simbolizan. Podemos hacer una gráfica o diagrama; esto nos puede ayudar a experimentar el maravilloso Espíritu compuesto en nuestra vida diaria. Pocos cristianos han visto la verdad del Espíritu compuesto. ¡Damos gracias al Señor de que nos haya revelado esta gran verdad en estos días!

### RESUMEN

El ungüento compuesto de Exodo 30 es un tipo del "Espíritu compuesto". El aceite de olivas representa al Espíritu de Dios. Las cuatro especias simbolizan cuatro elementos que han sido añadidos al Espíritu: la mirra (la muerte de Cristo), la canela (la eficacia de la muerte de Cristo), el cálamo (la resurrección de Cristo) y la casia (el poder de la resurrección de Cristo). En los números y las medidas de los ingredientes también vemos: la mezcla de Dios con el hombre; al Dios Triuno; la capacidad para llevar responsabilidad. Todos estos elementos están ahora incluidos en el Espíritu procesado y compuesto.

## Preguntas

1. ¿Dónde se halla el tipo del Espíritu compuesto en el Antiguo Testamento?
2. Escriba los ingredientes del ungüento compuesto y lo que éstos representan.
3. ¿Qué aplicación tienen los ingredientes a nuestra experiencia? (Utilice el cálamo como ejemplo.)
4. Explique cómo los números y las medidas de los ingredientes muestran la mezcla de lo divino con lo humano, al Dios Triuno y la capacidad de llevar responsabilidad.
5. ¿Qué queremos decir cuando declaramos que el Espíritu de Dios "se procesó" o "fue compuesto"?

## Citas tomadas de las publicaciones de Lee y LSM

1. Estudio-vida de Exodo, págs. 1643, 1641.
2. *The Spirit and the Body* [El Espíritu y el Cuerpo], pág. 32.
3. *Life-study of Colossians* [Estudio-vida de Colosenses], pág. 229.
4. Estudio-vida de Exodo, págs. 1702.
5. Life-study of Colossians, pág. 230.
6. Estudio-vida de Exodo, págs. 1703, 1642-1643.
7. The Spirit and the Body, págs. 33, 28-29.
8. Estudio-vida de Exodo, pág. 1696.
9. The Spirit and the Body, pág. 35.

Lección cuatro

# EL ESPIRITU VIVIFICANTE QUE MORA EN LOS CREYENTES

**Lectura bíblica**

Jn. 1:1; 14; 1 Co. 15:45; 2 Co. 3:17; Jn. 20:22

**Bosquejo**

I. El Dios procesado
   A. Llega a ser el Espíritu vivificante
   B. Un proceso definido
II. Cristo y el Espíritu son uno
III. Cristo como Espíritu mora en los creyentes
IV. Cristo nunca abandona a Sus creyentes

**Texto**

Uno de los versículos más cruciales de la Biblia es 1 Corintios 15:45, que dice: "Fue hecho ... el postrer Adán, Espíritu vivificante". El "postrer Adán" se refiere a Cristo. Las palabras "fue hecho" hacen alusión a un proceso por el cual Cristo se hizo Espíritu vivificante. Hoy, si usted le pregunta a la gente quién es Dios, algunos responderán que El es el Creador, otros dirán que El es nuestro Redentor y Salvador. Pero muy pocos dirán que Dios es el Espíritu.

El hecho de que Dios sea el Espíritu, no es tan sencillo; El es el Espíritu vivificante que lo es todo. Este Espíritu contiene la divinidad, la humanidad, la crucifixión y la resurrección. El es el Espíritu compuesto y todo-inclusivo que vimos en las lecciones anteriores.

**I. EL DIOS PROCESADO**

**A. Llega a ser el Espíritu vivificante**

[En la eternidad pasada Dios estaba solo. Luego, en el tiempo, El creó todas las cosas. En cierto momento en la historia, el Dios creador de todas las cosas, se hizo hombre. A este paso crucial se le llama encarnación, por medio de la cual Dios se vistió del hombre y de toda la creación, pues el hombre es la cabeza de la creación. El Señor Jesús, quien es Dios encarnado, vivió en la tierra por treinta y tres años y medio. Cuando fue crucificado, toda la creación fue crucificada juntamente con El. Esto significa que Cristo no fue a la cruz solo, sino que el hombre mismo, cuya humanidad Dios había asumido, juntamente con toda la creación, fueron puesto en la cruz con El. Por eso decimos que la muerte de Cristo en la cruz fue una muerte que lo incluyó todo. Después de Su crucifixión, Cristo fue puesto en una tumba, y el hombre y la creación que habían sido crucificados juntamente con Cristo, también fueron sepultados con El. Tres días después, Cristo se levantó de los muertos en Su resurrección. A través de la resurrección El fue hecho el Espíritu vivificante. Además, en Su ascensión al tercer cielo, Jesús fue coronado y hecho Cabeza y Señor sobre todas las cosas. Luego descendió sobre el Cuerpo como el Espíritu todo-inclusivo.

Ya que Dios, después de consumar la obra creadora, experimentó la encarnación, la vida humana, la crucifixión, la resurrección, la ascensión y el descenso, podemos hablar de El como un Dios procesado. El siguiente diagrama muestra el proceso por el cual El pasó.]

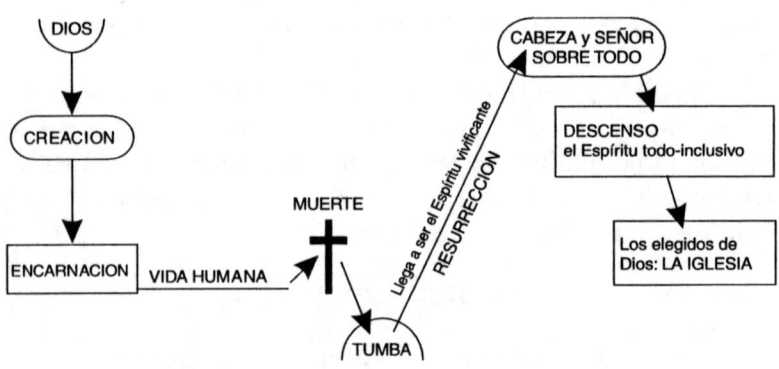

[El proceso de la economía divina]

## B. Un proceso definido

[A muchos no les agrada la palabra "procesado" y argumentan que es imposible que Dios se procese, pues Él es eterno e inmutable. Sin embargo, aunque Dios ciertamente es eterno e inmutable, Él se procesó. ¿No fue Su encarnación un proceso? En la eternidad pasada, Dios nunca tuvo un cuerpo de carne, hasta el momento de la encarnación de Cristo. Cuando Jesús nació en el pesebre, Él era el Dios fuerte encarnado en un bebé. Según Isaías 9:6, el "niño [que] nos es nacido" es llamado Dios fuerte. Este niño, el Dios encarnado, vivió en la casa de un carpintero por muchos años. ¡Imagínese!, el Creador del universo vivió en la casa de un carpintero en Nazaret. ¿No fue eso un proceso? De la misma forma, ¿no fueron la crucifixión y la resurrección un proceso? Ciertamente Dios se procesó mediante la encarnación de Cristo, Su vida humana, Su crucifixión y Su resurrección. Nuestro Dios hoy no es un Dios "crudo", sino un Dios procesado. Hoy, Él es el Espíritu vivificante que lo es todo.]

## II. CRISTO Y EL ESPIRITU SON UNO

[En 1 Corintios 15:45 dice que el "postrer Adán, [fue hecho] Espíritu vivificante". Y en 2 Corintios 3:17 se afirma que ahora "el Señor es el Espíritu". Tanto el postrer Adán como el Señor, se refieren a Cristo. Esto indica claramente que Cristo y el Espíritu son uno.]

[Cristo es quien fue crucificado, pero el Espíritu es quien entró en los creyentes. Al efectuar la redención del hombre, Él era el Cristo, mientras que, al morar en el hombre como vida Él es el Espíritu, el Espíritu vivificante todo-inclusivo que es la bendición máxima del evangelio, la cual lo incluye todo.] [Debido a que muchos no entienden claramente esto, hablan de la así llamada segunda bendición, o sea, de volver a recibir al Espíritu después de ser regenerados. Muchos cristianos, cuando se enteran de que alguien ha creído en Cristo, le preguntan si ya recibió al Espíritu Santo. Sin embargo, ser un cristiano genuino es creer en Cristo, y creer en Cristo es recibir el Espíritu. No obstante, aquellos que consideran que Cristo y el Espíritu son dos personas distintas y separadas, piensan que es posible creer en Cristo sin recibir al Espíritu. ¡Esto es un error muy serio!]

## III. CRISTO COMO ESPIRITU MORA EN LOS CREYENTES

[Cuando creímos en el Señor Jesús y le recibimos como nuestro Redentor, el Espíritu vivificante entró en nosotros. Muchos creyentes no se dan cuenta que no sólo recibieron al Señor Jesús como Redentor y Salvador, sino que también lo recibieron como Espíritu vivificante. Cuando creímos en el Señor, reconocimos que éramos pecadores. Por consiguiente, oramos, nos arrepentimos, confesamos nuestros pecados, y le recibimos como nuestro Redentor. Sin embargo, no nos enteramos de que El entró en nosotros para ser nuestra vida. Por lo menos, a mí nadie me lo dijo cuando creí en El. Pero pronto descubrí que después de creer en el Señor, dentro de mí había algo que me hacía feliz y me llenaba de gozo. En ocasiones sentía deseos de brincar. ¿Ha tenido esta experiencia alguna vez? Esto se debe a que Cristo, como Espíritu vivificante, mora en nuestro interior. Aunque pensamos que sólo le recibimos como nuestro Redentor, El no solamente entró en nosotros como tal, sino también como Espíritu vivificante, como el Espíritu que da vida. Hoy El está en nosotros principalmente como Espíritu vivificante.

Si le preguntáramos a los creyentes dónde está su Redentor, el Señor Jesús, muchos levantarían sus ojos al cielo y dirían: "El está arriba en el cielo". Es raro encontrar a un cristiano que responda con gozo: "¡Cristo está en mí!" Si me preguntaran a mí dónde está mi Jesús, yo les diría: "Jesús mi Redentor, por un lado está en los cielos como mi Señor, y por otro lado, está dentro de mí como Espíritu vivificante". Es por esto que muchas veces me regocijo tanto, que entro como en un éxtasis de alegría. ¡Regocíjense porque Jesucristo es el Espíritu vivificante que mora en nosotros! Antes de venir a la iglesia, tal vez nunca escuchó que el Redentor se hizo el Espíritu vivificante. Pero hay un versículo en la Biblia que nos dice que el postrer Adán fue hecho Espíritu vivificante. Pareciera que en el cristianismo no tuvieran la segunda parte de 1 Corintios 15:45. Cristo, después de consumar la obra redentora, se hizo el Espíritu vivificante.]

# EL ESPIRITU VIVIFICANTE

## IV. CRISTO NUNCA ABANDONA A SUS CREYENTES

Juan 20 narra la primera vez que el Señor vino a los creyentes como Espíritu vivificante. Los discípulos estaban reunidos con las puertas cerradas por miedo a los judíos. Tres días antes ellos habían visto la crucifixión del Señor Jesús.

[En ese momento, el Señor Jesús apareció súbitamente en medio de ellos y les dijo: ¡"Paz a vosotros"! Sus palabras fueron pocas, pero El sopló en ellos y les dijo: "Recibid el Espíritu Santo" (Jn. 20:22). Sus palabras se pueden traducir: "Recibid el aliento santo". Después de agregar unas cuantas palabras más, desapareció de ellos. El había entrado al aposento sin que le abrieran la puerta, y se había retirado sin despedirse. En realidad, El no se fue de ellos; más bien, entró en ellos como el aliento santo. Desde ese momento, adondequiera que los discípulos iban, Jesús iba con ellos. ¡El estaba dentro de ellos! Así vemos que Cristo en resurrección llegó a ser el Espíritu que mora en los creyentes.]

[Tenemos la seguridad de que Cristo está en nosotros. Adondequiera que vayamos, El irá dentro de nosotros. Cuando estamos contentos con El y asistimos a las reuniones, oramos, y oramos-leemos, puede ser que la sensación de que El está en nosotros no sea tan fuerte. Pero si nos apartamos de El, se nos aparecerá en una manera más palpable. Si vamos al cine o a un casino, El nos dirá desde nuestro interior: "¿Qué haces aquí?" Nuestro Dios es real, viviente y está presente en nosotros. No tenemos una religión. ¿Para qué la necesitamos si tenemos al Cristo vivo! El es todo lo que necesitamos y todo lo que tenemos.

El es real, viviente y poderoso, pero a la vez, tierno, amoroso y paciente. No pensemos que si lo ofendemos, El se irá. ¡Cuanto más lo ofendamos, más nos convencerá de que nunca nos dejará!]

El Señor, a quien debemos disfrutar cada día, no está únicamente en los cielos. El pasó por un proceso para hacerse el Espíritu vivificante, y como tal, morar en nuestro espíritu e impartirnos vida. La vida que El nos imparte es la vida del propio Dios Triuno. ¡Qué Espíritu tenemos! ¡El es el Espíritu todo-inclusivo, compuesto y vivificante que mora en los creyentes. Este Espíritu es el Dios Triuno procesado!

**RESUMEN**

El hecho de que el postrer Adán se hiciera el Espíritu vivificante indica que Dios pasó por un proceso. Dios pasó por la encarnación, la vida humana, la crucifixión y la resurrección, para finalmente hacerse el Espíritu vivificante. Como tal, Cristo viene y entra en los creyentes. Este Cristo mora en los creyentes para que ellos lo experimenten, y nunca los dejará.

**Preguntas**

1. ¿Cómo demuestra 1 Corintios 15:45 que Dios pasó por un proceso?
2. Elabore el diagrama que muestra el proceso de la economía divina.
3. Cite dos versículos que comprueben que Cristo y el Espíritu son uno.
4. ¿Dónde está hoy el Señor Jesús?
5. Describa la forma en que los discípulos recibieron a Cristo como Espíritu vivificante.
6. Después de que Cristo viene a morar en nosotros, ¿puede abandonarnos?

**Citas tomadas de las publicaciones de Lee y LSM**

1. *Life-study of Colossians* [Estudio-vida de Colosenses], págs. 219-220, 228.
2. Estudio-vida de Gálatas, págs. 301, 120-123.
3. *The Spirit and the Body* [El Espíritu y el Cuerpo], págs. 21-22.

Lección cinco

## EL ESPIRITU SIETE VECES INTENSIFICADO

**Lectura bíblica**

Ap. 1:4-5; Zac. 4:2; Ap. 4:5; Ex. 25:37; Ap. 5:6; Zac. 3:9; Mt. 16:18; 21:42; 1 P. 2:4-5

**Bosquejo**

I. Los siete Espíritus de Dios
   A. No son siete Espíritus diferentes
   B. El Espíritu de Dios, intensificado para realizar el mover de Dios
II. Las siete lámparas de fuego arden delante del trono
III. Los siete ojos del Cordero
   A. Para movimiento e infusión
   B. No están separados de Cristo
IV. Los siete Espíritus, las siete lámparas y los siete ojos están relacionados con el edificio de Dios
   A. Las lámparas y el edificio
   B. La piedra con siete ojos
   C. Limpieza e infusión
   D. Purificación y transformación

**Texto**

### I. LOS SIETE ESPIRITUS DE DIOS

En esta lección veremos el tema de los siete Espíritus de Dios. El Espíritu es de por sí misterioso y maravilloso. Sin embargo, el libro de Apocalipsis revela un aspecto más acerca de lo que es el Espíritu hoy. Leamos Apocalipsis 1:4-5: "Juan, a las siete iglesias que están en Asia: Gracia y paz a vosotros de parte de Aquel que es y que era y que ha de venir, y de los siete Espíritus que están delante de Su trono; y de Jesucristo, el Testigo fiel, el Primogénito de entre los muertos, y el Soberano de los reyes de la tierra. Al que nos ama, y nos liberó de nuestros pecados con Su sangre".

## A. No son siete Espíritus diferentes

[El libro de Apocalipsis se lleva a cabo en la era del Espíritu, y en esta era el Espíritu ha sido intensificado. El Espíritu es llamado los siete Espíritus en 1:4 porque el Espíritu de Dios se ha intensificado; por esta razón se le llama los siete Espíritus. Los siete Espíritus son indudablemente el Espíritu de Dios porque se mencionan en relación con el Dios Triuno en los versículos 4 y 5. No podemos entender la Biblia con nuestra mente natural y limitada. De acuerdo con nuestro concepto, la expresión "siete Espíritus" denota siete espíritus individuales, pero ése no es el verdadero significado. El número siete aquí no se refiere a siete diferentes espíritus sino a un Espíritu séptuple.]

## B. El Espíritu de Dios, intensificado para realizar el mover de Dios

[El siete es el número de consumación en la obra dispensacional de Dios, mientras que el doce es el número de consumación en la administración eterna de Dios. Por ejemplo, Dios creó la tierra en seis días, más uno, el día de reposo. Además, existen siete dispensaciones en la Biblia. En cuanto al mover de Dios hoy, la iglesia corresponde al número siete. En el libro de Apocalipsis: los siete sellos, las siete trompetas y las siete copas, tienen qué ver con el mover dispensacional de Dios. De manera que los siete Espíritus son el Espíritu de Dios siete veces intensificado para llevar a cabo Su mover. El es el Espíritu de Dios intensificado siete veces para efectuar el mover de Dios.

Los siete Espíritus se relacionan con el mover de Dios en la tierra, puesto que siete es el número de consumación en la operación de Dios. El Espíritu de Dios es uno solo en substancia y en existencia; pero en función y obra intensificada de la operación de Dios, este Espíritu es séptuple. Es semejante al candelero mencionado en Zacarías 4:2. Existe un solo candelero, pero al cumplir su función, son siete lámparas. Cuando se escribió el Apocalipsis, la iglesia se había degradado y la época se había cubierto de tinieblas. Por consiguiente, el Espíritu de Dios siete veces intensificado era necesario para llevar a cabo la obra y el mover de Dios en la tierra. Todos sabemos del foco eléctrico de tres filamentos, la cual puede ser encendida progresivamente en tres grados de intensidad luminosa. Cuando no requerimos mucha luz, accionamos el interruptor al primer grado, pero si necesitamos más luz, pasamos al segundo o al tercer grado de iluminación. De igual manera, en las siete lámparas del candelero, la luz estaba intensificada siete veces. En los cuatro evangelios, el Espíritu de Dios solamente tenía el primer grado de intensidad luminosa, porque no se necesitaba mucha luz. Pero después de la degradación de la iglesia, la época se volvió extremadamente obscura; entonces fue necesario que el Espíritu Santo se intensificara siete veces. De esta manera, el Espíritu de Dios llegó a ser el Espíritu séptuple. El Espíritu Santo existe como uno solo, igual que el candelero que se menciona en Zacarías, pero ahora, en cuanto a Su función, el Espíritu Santo es siete.]

## II. LAS SIETE LAMPARAS DE FUEGO ARDEN DELANTE DEL TRONO

Apocalipsis 4:5 [también nos dice que "delante del trono ardían siete lámparas de fuego, las cuales son los siete Espíritus de Dios". Esto indica que Dios tocará la tierra con las siete lámparas, es decir, Sus siete Espíritus, los cuales consumen, iluminan, observan, escudriñan, buscan y juzgan. Estas siete lámparas están relacionadas con las siete lámparas del candelero que se menciona en Exodo 25:37 y con las siete lámparas del candelero que aparece en Zacarías 4:2. Las siete lámparas de fuego, las cuales son los siete Espíritus de Dios, representan la iluminación y el escrutinio que efectúa el Espíritu de Dios siete veces intensificado. En Exodo 25 y en Zacarías 4 las siete lámparas, que simbolizan la iluminación que el Espíritu de Dios efectúa en el mover de Dios, sirven para producir el edificio de Dios, ya sea para la edificación del tabernáculo o para la reedificación del templo. Aquí las siete lámparas son usadas para ejecutar el juicio de Dios, que también dará por resultado el edificio de Dios: la Nueva Jerusalén. Mientras que Dios ejecuta Su juicio, Su Espíritu siete veces intensificado edificará la morada eterna de Dios, escudriñando, alumbrando, juzgando e impartiéndose. Esto se desarrolla detalladamente en los siguientes capítulos. El resultado es la consumación de la ciudad santa, la Nueva Jerusalén.]

### III. LOS SIETE OJOS DEL CORDERO

Además, en Apocalipsis 5:6, Juan vio "un Cordero en pie, como recién inmolado, que tenía siete cuernos, y siete ojos, los cuales son los siete Espíritus de Dios enviados por toda la tierra".

#### A. Para movimiento e infusión

[Los ojos sirven para movimiento. Si fuésemos ciegos, nos sería muy difícil desplazarnos. En cuanto al mover actual de Dios, Cristo como Cordero de Dios tiene siete ojos. La función de los siete ojos del Cordero es vigilar, observar e infundir. Cuando miramos a una persona, algo de nosotros se infunde en ella. A menudo hablamos de amarnos los unos a los otros; pero ¿cómo puede darse cuenta que alguien le ama? El amor se infunde a través de la mirada. Si usted me ve de una manera amorosa, sus ojos me infundirán el amor que siente por mí. Cuando Cristo nos mira con Sus siete ojos, es posible que al principio nos aterroricemos. Pero con el tiempo, los siete ojos infundirán el elemento de Cristo en nosotros.]

#### B. No están separados de Cristo

[El Espíritu Santo hoy es los siete ojos de Cristo. Muchos cristianos tienen el concepto de que el Espíritu Santo está separado de Cristo, pero la Biblia dice que este Espíritu es los ojos de Cristo. ¿Cree usted que sus ojos están separados de usted mismo? Es ridículo decir esto. Cuando yo veo a sus ojos, lo veo a usted, y cuando usted mira a mis ojos, me ve a mí. Los ojos son la expresión de la persona. Decir que el Espíritu Santo está separado de Cristo no corresponde con la revelación pura de la Palabra santa.]

[Día tras día sentimos que alguien nos mira. Ese alguien es el Espíritu: Cristo mismo. Nuestro Cristo no es un Cristo ciego; El es el Cristo que tiene siete ojos. A menudo El infunde Sus elementos en nosotros. Otras veces nos observa como una linterna, y nos dice: "¿Qué estás haciendo? ¿Estás peleando con tu esposo? ¡Detente!" ¿Nunca ha tenido esta experiencia? Día tras día experimentamos al Cristo que vigila, observa e infunde. Esto lo efectúa a través de Sus ojos. Sus ojos son el Espíritu y el Espíritu es simplemente El mismo. Si usted no cree esto, perderá la bendición.]

### IV. LOS SIETE ESPIRITUS, LAS SIETE LAMPARAS Y LOS SIETE OJOS ESTAN RELACIONADOS CON EL EDIFICIO DE DIOS

#### A. Las lámparas y el edificio

[Las lámparas de Exodo 25 sirven para la edificación del tabernáculo, especialmente para las actividades que se desarrollan en él. Sin luz es imposible desplazarse. La luz propicia el mover, y el mover efectúa la edificación. Las siete lámparas, por lo tanto, son útiles para la edificación del tabernáculo, la habitación de Dios en la tierra.

Las siete lámparas de Zacarías 3 y 4 se usan para llevar a cabo el recobro del edificio de Dios. El principio es el mismo para la reedificación del templo y del tabernáculo. Lo mismo es cierto en cuanto al libro de Apocalipsis ... Apocalipsis comienza con las siete iglesias locales y concluye con la Nueva Jerusalén. Aunque este libro trata del juicio de Dios, el juicio no es la meta final; el objetivo del juicio es obtener el edificio de Dios. La Nueva Jerusalén, la habitación eterna de Dios, es producto de dicho juicio.]

#### B. La piedra con siete ojos

Zacarías 3:9 dice: "Porque he aquí aquella piedra que puse delante de Josué; sobre esta única piedra hay siete ojos". En Apocalipsis 5, los siete ojos son del Cordero, pero en Zacarías los siete ojos están sobre una piedra.

[En Mateo 16:18 el Señor Jesús dijo: "Y Yo también te digo, que tú eres Pedro, y sobre esta roca edificaré Mi iglesia". El Señor se refiere a Sí mismo como la roca. En Mateo 21:42 El declaró: "¿Nunca leísteis en las Escrituras: 'La piedra que rechazaron los edificadores ha venido a ser cabeza del ángulo. El Señor ha hecho esto, y es cosa maravillosa a nuestros ojos'"? La piedra a la que se hace referencia aquí es la piedra con siete ojos, que se menciona en Zacarías 3:9.]

Estos versículos muestran claramente que la piedra es Cristo mismo, y que esta piedra se relaciona con la edificación de la casa de Dios. Cristo es el Cordero-piedra con siete ojos, que produce el edificio de Dios.

### C. Limpieza e infusión

[Debido a que nuestra condición no es pura, muchos aún nos encontramos bajo el escrutinio de las siete lámparas. Todavía existen ciertas cosas que necesitan ser escudriñadas y juzgadas. Tal vez no estemos bajo la llama de las lámparas, pero sí, bajo los ojos que nos infunden. ¿Se encuentra usted bajo las lámparas que escudriñan, o bajo los ojos que infunden? Estoy contento de estar bajo los siete ojos. Suponga que se halla a punto de discutir con su cónyuge. En ese momento, los siete ojos inmediatamente se convierten en siete lámparas, y lo conducen a arrepentirse y decir: "Oh Señor Jesús, perdóname. Aún estoy en la carne, en una condición miserable. Señor, gracias por Tu sangre. Confieso ante Ti mi fracaso y aplico Tu sangre a mi situación". Si hace esto, las siete lámparas se convierten en los siete ojos que lo escudriñan, y de inmediato se encontrará nuevamente bajo la infusión divina, la cual infundirá en usted la esencia de Cristo y algunos de Sus atributos.]

### D. Purificación y transformación

[En 1 Pedro 2:4-5 dice: "Acercándoos a El, piedra viva, desechada por los hombres, mas para Dios escogida y preciosa, vosotros también, como piedras vivas, sois edificados como casa espiritual". La manera en que llegamos a ser piedras vivas es acercarnos al Señor y permitir que El nos examine. A medida que el Señor nos ilumina y nos juzga, El nos observa, y Sus siete ojos nos infunden Su persona divina. De esta manera somos transformados.]

[En la actualidad, los ojos ardientes de Cristo irradian sobre nosotros para alumbrarnos, escudriñarnos, cambiarnos y juzgarnos; ellos no nos condenan, sino que nos purifican, nos transforman y nos conforman a Su imagen, a fin de que seamos útiles en la edificación de la morada de Dios. El juicio de Dios es motivado por Su amor. Debido a que El ama la iglesia, viene a escudriñarnos, alumbrarnos, juzgarnos, cambiarnos y purificarnos, todo esto con miras a transformarnos en piedras preciosas. Finalmente, el libro de Apocalipsis concluye hablando de la Nueva Jerusalén, la cual se edifica con materiales preciosos. ¿De dónde salen estos materiales? Son producto de los siete ojos de Cristo, es decir, del Espíritu vivificante que transforma.

En el libro de Apocalipsis, al Espíritu no se le llama el Espíritu vivificante ni el Espíritu que transforma, sino los siete Espíritus, los cuales son siete lámparas que arden, escudriñan y juzgan. En Su relación con la iglesia degradada, el Espíritu vivificante, el Espíritu que da vida, tiene que arder siete veces más. El Espíritu vivificante hoy es el Espíritu que arde, y el Espíritu transformador es el Espíritu que escudriña y juzga. El hace esto con miras a purificarnos y transformarnos. Nadie puede ser transformado en piedra preciosa sin ser escudriñado por el Espíritu intensificado. ¡Mi deseo ardiente es que el Señor nos escudriñe a todos! No estamos aquí para adquirir doctrinas y enseñanzas, sino para que la Palabra pura nos ilumine y los siete Espíritus nos escudriñen. Todos necesitamos que se nos escudriñe, purifique y transforme. Si pasamos esta experiencia, no seremos los mismos.]

**RESUMEN**

En el último libro de la Biblia, Apocalipsis, al Espíritu se le llama "los siete Espíritus de Dios". Esto no significa que haya siete Espíritus diferentes; más bien, quiere decir que el Espíritu de Dios se ha intensificado siete veces a fin de llevar a cabo el mover de Dios. Los siete Espíritus también son las siete lámparas que iluminan y juzgan. Además, son los siete ojos del Cordero que observan e infunden el elemento de Cristo en los creyentes. Los siete Espíritus, los cuales son las lámparas y los siete ojos, tienen el propósito de llevar a cabo la edificación de la morada de Dios. El Espíritu séptuple purifica, infunde y transforma a los creyentes para convertirlos en piedras preciosas, aptas para la edificación de la Nueva Jerusalén.

## Preguntas

1. Si no hay siete Espíritus diferentes, ¿por qué se le llama al Espíritu de Dios los siete Espíritus?
2. ¿Qué significado tiene el número siete?
3. ¿Por qué fue necesario que el Espíritu Santo se intensificara siete veces?
4. Además de Apocalipsis 4:5, ¿en qué otro pasaje se mencionan las siete lámparas del candelero?
5. ¿Cuál es la función de los siete ojos?
6. ¿Cómo se relacionan Exodo 25, Zacarías 3 y 4, y Apocalipsis 4 con el edificio de Dios?
7. ¿Quién es la piedra de Zacarías 3:9? ¿Cuál es el significado de la piedra?
8. Explique cómo las siete lámparas y los siete ojos nos constituyen piedras preciosas.
9. ¿Cuál es el resultado final de la obra que realiza el Espíritu séptuple?

**Citas tomadas de las publicaciones de Lee y LSM**

1. Estudio-vida de Apocalipsis, págs. 38-39, 209-210, 259, 758.
2. *The Spirit and the Body* [El Espíritu y el Cuerpo], págs. 79-80.
3. Estudio-vida de Apocalipsis, págs. 760, 221.

Lección seis

## EL ESPIRITU EN SUS ASPECTOS ESENCIAL Y ECONOMICO

**Lectura bíblica**

Jn. 20:22; Hch. 1:5, 8; 2:1-4; Mt. 1:18-20; Lc. 1:35; 3:21-22; 1 Co. 12:13; Hch. 11:15-17

**Bosquejo**

I. Dos aspectos del Espíritu Santo
   A. Como soplo de vida
   B. Como viento de poder
   C. En la vida y ministerio del Señor Jesús
II. Un solo Espíritu
III. La perspectiva correcta: la finalidad del poder exterior es la vida interior
IV. El bautismo en el Espíritu Santo
   A. Las lenguas no son una evidencia necesaria
   B. Experimentar el hecho consumado
      1. Consumado una vez y para siempre
      2. No es necesario analizar
      3. Con relación al Cuerpo
V. Experimentar los dos aspectos del Espíritu al invocar al Señor

**Texto**

En la lección veintidós del *Libro de lecciones: El Dios Triuno y la persona y obra de Cristo* vimos el tema de los dos aspectos del Espíritu: el esencial y el económico. Debido a que esta verdad es tan significativa y crucial, debemos estudiarla nuevamente. Además, examinaremos con más detalle el bautismo en el Espíritu Santo, ya que la mayoría de los cristianos están confundidos en cuanto a este asunto.

## I. DOS ASPECTOS DEL ESPIRITU SANTO

[En el capítulo uno de Hechos, el Cristo resucitado mandó a Sus discípulos a permanecer en Jerusalén para que recibieran el bautismo en el Espíritu Santo. El les dijo: "Porque Juan bautizó con agua, mas vosotros seréis bautizados en el Espíritu Santo dentro de no muchos días" (v. 5). En el versículo 8 añadió: "Pero recibiréis poder, cuando haya venido sobre vosotros el Espíritu Santo". Estas palabras muestran que el bautismo en el Espíritu Santo consiste en que el Espíritu desciende sobre los discípulos.]

### A. Como soplo de vida

[En Hechos 1 el Señor se refiere a la experiencia de los discípulos cuando el Espíritu Santo descendió sobre ellos. Pero, ¿acaso los discípulos no habían recibido ya el Espíritu Santo? Según Juan 20, en la noche del día de la resurrección, el Señor apareció ante Sus discípulos, sopló en ellos y les dijo: "Recibid el Espíritu Santo" (v. 22). En este versículo el Espíritu Santo es comparado con un soplo. Un soplo es algo interno, algo orgánico. Por consiguiente, en Juan 20:22, los discípulos recibieron el Espíritu Santo como soplo de vida.]

### B. Como viento de poder

[La palabra que el Señor dirigió a los discípulos en cuanto al Espíritu Santo en Hechos 1, se cumplió en el capítulo dos. En el día de Pentecostés "de repente vino del cielo un estruendo como de un viento recio que soplaba" y llenó la casa donde los discípulos estaban sentados. Y fueron todos llenos del Espíritu Santo (vs. 1-4). En el día de la resurrección del Señor, los discípulos recibieron el Espíritu Santo como soplo o aliento de vida, mientras que, cincuenta días después, en el día de Pentecostés, el Espíritu Santo vino sobre ellos como un viento recio. Podemos ver claramente la diferencia entre el soplo y el viento. El soplo se relaciona con la vida, y el viento con el poder. En Juan 20 y Hechos 2 vemos dos símbolos del Espíritu Santo: el soplo, con relación a la vida interior, y el viento, con relación al poder exterior.]

EL ESPIRITU EN SUS ASPECTOS ESENCIAL Y ECONOMICO 49

C. En la vida y ministerio del Señor Jesús

Estos dos aspectos del Espíritu Santo también se ven en el Señor Jesús. Primero, el Señor fue concebido por obra del Espíritu Santo (Lc. 1:35; Mt. 1:18, 20). Luego, a la edad de treinta años, cuando inició Su ministerio, el Espíritu Santo descendió sobre El y lo bautizó (Lc. 3:21-22). El hecho de que el Señor fuera concebido por obra del Espíritu Santo, atañe al aspecto esencial del Espíritu, mientras que Su bautismo en el Espíritu Santo tenía que ver con que el Espíritu descendiera sobre El en el aspecto económico. Por consiguiente, en la concepción del Señor obró el Espíritu esencial, mientras que en Su ministerio, el Espíritu económico.]

## II. UN SOLO ESPIRITU

[Es importante que distingamos los dos aspectos del Espíritu, ya que así podemos comprender los evangelios y Hechos de una manera correcta. De otra forma, simplemente estaríamos confusos.]

De cualquier forma, hay algo que debemos tener claro: [No debemos pensar que existen dos Espíritus, o que el Espíritu de algún modo pueda ser dividido. Por el contrario, hay un solo Espíritu, con dos aspectos: el esencial y el económico. Primeramente está el aspecto esencial, y después, el económico. Hoy podemos experimentar ambos aspectos.]

## III. LA PERSPECTIVA CORRECTA: LA FINALIDAD DEL PODER EXTERIOR ES LA VIDA INTERIOR

Además, debemos entender que el aspecto económico y exterior no es la finalidad; la finalidad del aspecto económico es el aspecto esencial. [El aspecto del poder exterior, beneficia al aspecto de la vida interior, y la vida interior es la que cumple el deseo de Dios, Su meta central. El aspecto exterior es sólo el *medio* por el cual se logra el aspecto interior. En 1 Corintios 12:13 se mencionan estos dos aspectos en el orden correcto. Primero fuimos "bautizados" y luego se nos dio a "beber". Después de ser bautizados en el Espíritu para formar el Cuerpo, debemos beber del Espíritu para crecer en vida y ser edificados en dicho Cuerpo. Ser bautizados en el Espíritu

Santo es ser sumergidos en El, al igual que ser bautizados en agua es ser inmersos en ella. Pero beber del Espíritu Santo es tomarlo dentro de nosotros, así como ingerimos el agua cuando la bebemos. El bautismo es una acción externa, mientras que el beber es algo interno. Somos bautizados exteriormente para que bebamos interiormente.]

### IV. EL BAUTISMO EN EL ESPIRITU SANTO

[El aspecto exterior de la obra del Espíritu lo constituye principalmente el bautismo en el Espíritu Santo. En Hechos se narran cinco casos históricos del derramamiento del Espíritu, de los cuales, sólo a dos se les llama el bautismo en el Espíritu Santo: el derramamiento sobre los creyentes judíos, que sucedió el día de Pentecostés en Hechos 2; y el derramamiento sobre los creyentes gentiles, efectuado en la casa de Cornelio en Hechos 10. Hechos 1:5 y 11:15-17 comprueban esto. En estas dos ocasiones, Cristo, la Cabeza, bautizó a los miembros de Su Cuerpo, judíos y gentiles, en el Espíritu Santo una vez y para siempre. De esta manera, derramó el Espíritu Santo sobre todo el Cuerpo.]

Los otros tres casos, los de los creyentes samaritanos, Saulo de Tarso y los doce creyentes de Efeso, se consideran casos extraordinarios, que requirieron que otros miembros del Cuerpo de Cristo los identificaran con el Cuerpo por medio de la imposición de manos. Además de estos cinco casos, había muchas otras conversiones, tales como la de los tres mil (2:41), la de los cinco mil (4:4), la del eunuco de Etiopía (8:36, 38-39a), la de los muchos que creyeron en Antioquía (11:20-21, 24), la de los muchos casos que se narran en los capítulos trece y catorce, los cuales sucedieron bajo el ministerio y predicación de Pablo: Lidia en Filipo (16:14-15), el carcelero de Filipo (16:33), los creyentes de Tesalónica (17:4), los creyentes de Berea (17:10-12), los creyentes de Atenas (17:34), el principal de la sinagoga, los muchos que creyeron en Corinto (18:8), y los creyentes de Efeso (19:18-19). En todos estos casos no se menciona que ellos recibieran el Espíritu Santo económicamente, es decir, que el Espíritu Santo descendiera sobre ellos, porque en todas estas experiencias los creyentes fueron introducidos en el Cuerpo de Cristo de una forma normal, al creer, y no había razón alguna para que otro miembro del Cuerpo de Cristo los identificara con el Cuerpo por medio de la imposición de manos. Conforme al principio de la economía neotestamentaria de Dios, todos ellos debían haber recibido al Espíritu Santo esencialmente para vida y económicamente para poder, de una forma normal por medio de la fe en Cristo.

### A. Las lenguas no son una evidencia necesaria

Algunos cristianos insisten en que el hablar en lenguas es una manifestación necesaria, una evidencia de que uno ha sido bautizado en el Espíritu Santo. Sin embargo, en dos de los cinco casos mencionados en Hechos, el caso de los samaritanos y el de Saulo de Tarso, nada se menciona sobre el hablar en lenguas. Muchos estudiantes de la Biblia reconocen que muchas veces lo que Dios *no* menciona es más significativo que lo que *sí* menciona. En dos de estos cinco casos, no se menciona que hubiera ninguna manifestación específica. Esto indica que las lenguas no son la única manifestación o evidencia necesaria de que alguien ha sido bautizado en el Espíritu Santo. Aun en los otros casos, no existe ninguna prueba de que todos los creyentes hablaran en lenguas.]

Las "lenguas" habladas en Hechos 2:4 [eran dialectos (vs. 6, 8). Los discípulos eran galileos (v. 7), pero hablaron en los diferentes dialectos extranjeros propios de los asistentes que venían de diversas partes del mundo. Esto es una prueba contundente de que el hablar en lenguas debe ser un lenguaje comprensible, no meramente sonidos pronunciados por la lengua.] Basados en esto, debemos decir que casi todo lo que hoy se llama hablar en lenguas, no concuerda con la verdad de la Biblia.

### B. Experimentar el hecho consumado

#### 1. *Consumado una vez y para siempre*

Ya hemos dado muchas lecciones [con el objetivo de subrayar lo que el Dios Triuno ha logrado: el Dios Triuno, en el Hijo, se hizo carne; esto se conoce como la encarnación. La encarnación se efectuó una vez y para siempre y no hay necesidad de que se repita. De igual manera, Cristo fue crucificado y murió una vez y para siempre. Además, El resucitó, y con Su soplo, se impartió en los discípulos como Espíritu vivificante. Además, El ascendió y se derramó como Espíritu todo-inclusivo también una vez y para siempre. Cristo logró todas estas cosas, y lo hizo una vez y para siempre. Ahora todos estos logros están incluidos en el nombre del Señor. Por consiguiente, cuando invocamos Su nombre, recibimos todo esto.]

### 2. No es necesario analizar

[No tenemos necesidad de analizar lo que recibimos cuando invocamos el nombre del Señor Jesús. No debemos preguntarnos: "¿Recibí el Espíritu esencial? ¿Ya descendió sobre mí el Espíritu económico? Tal vez tengo el Espíritu esencial en mí, pero me pregunto si también tendré el Espíritu económico. Quizás el Espíritu esencial no me abandone, pero tal vez el económico sí. Si el Espíritu económico se aparta de mí, ¿cuándo regresará?" No es nada saludable hacer este tipo de análisis.]

[Tampoco tenemos necesidad de añorar determinados sentimientos, manifestaciones sobrenaturales ni señales. No debemos confiar en esas cosas. Si las procuramos, es un indicio de que tenemos un corazón malo de incredulidad. No debemos poner a prueba o tentar al Señor.]

### 3. Con relación al Cuerpo

La palabra de Dios afirma que el bautismo en el Espíritu Santo es un hecho consumado que debemos aplicar. Simplemente debemos creerlo y disfrutarlo. Sin embargo, existen ciertas condiciones para ello.

[Debemos mantener una relación adecuada con el Cuerpo de Cristo y permanecer en él. Ya que el bautismo en el Espíritu Santo se consumó sobre el Cuerpo de Cristo y permanece sobre él, debemos mantener una relación correcta con el Cuerpo y ser uno con éste. Por supuesto, primordialmente debemos estar bien con el Señor. Cualquier pecado, o relación incorrecta entre nosotros y Dios debe ser resuelta y debemos lavarnos con la sangre de Cristo. No debe haber nada negativo entre el Señor y nosotros. Pero además, debemos estar bien con el Cuerpo de Cristo. Debemos rechazar todo lo que afecte nuestra relación con el Cuerpo, todo lo que nos distraiga y separe del él, y mantenernos en unidad y armonía con el Cuerpo y sus miembros.]

## V. EXPERIMENTAR LOS DOS ASPECTOS DEL ESPIRITU AL INVOCAR AL SEÑOR

[Debemos aprender a invocar el nombre del Señor. Tengo la carga de mostrarles lo importante que es esto. A lo largo de los siglos Satanás ha cerrado la boca de muchos cristianos. Si usted invoca el nombre del Señor Jesús todo el día, será lleno e impregnado del Espíritu, y podrá tomar el poder que fue derramado de lo alto. No necesito convencerlos de esto. Examinen su experiencia. A menudo, cuando se han encontrado en problemas, invocan el nombre del Señor espontáneamente. Todos hemos experimentado esto en cierta medida. Por lo general, al comienzo no invocábamos al Señor; simplemente no nos agradaba hacerlo. Pero el Señor nos envió algunas dificultades para ayudarnos y aun forzarnos a invocarle. Cuando vinieron los problemas, espontáneamente clamamos: "Oh Señor Jesús". Tal vez al principio no fue muy placentero. Sin embargo, invocamos y recibimos aliento, fortaleza y refrigerio. Quisiera causar una impresión en ustedes, de que la manera de experimentar el aspecto interior y el aspecto exterior del Espíritu maravilloso, es simplemente invocar el nombre del Señor continuamente. Después de invocar, usted orará. Luego, invocará más y orará más. Finalmente, le será difícil decir si está experimentando el aspecto interior o el aspecto exterior del Espíritu. Estará lleno del aliento interiormente, y exteriormente será liberado. Tendrá el poder, el denuedo, la certeza y la fe de hablar con toda seguridad; no tendrá duda alguna. La manera de experimentar este Espíritu maravilloso es invocar el nombre del Señor Jesús. Sea sencillo e invoque el nombre del Señor.]

### RESUMEN

Hay dos aspectos del Espíritu: el esencial y el económico. El aspecto esencial nos infunde vida interiormente y el económico nos otorga poder exteriormente. La finalidad del poder exterior es que se nos suministre la vida interior. El aspecto exterior consiste mayormente en el bautismo en el Espíritu Santo, el cual fue consumado sobre el Cuerpo una vez y para siempre en el día de Pentecostés y en la casa de Cornelio. Recibimos el Espíritu Santo esencial y económicamente de una manera normal al creer en Cristo. No necesitamos hablar en lenguas ni procurar sensaciones sobrenaturales ni señales milagrosas. Podemos experimentar ambos aspectos invocando al Señor de una manera normal.

### Preguntas

1. ¿Cuáles son los dos aspectos del Espíritu Santo? ¿Cómo se relacionan entre sí?
2. ¿Cómo se ven los dos aspectos del Espíritu en la vida y ministerio del Señor Jesús?
3. Mencione los cinco casos históricos del derramamiento del Espíritu narrados en Hechos. ¿Cómo difieren los primeros dos casos de los otros tres?
4. ¿Cuál es la manera normal en la que un creyente recibe el Espíritu en el aspecto esencial y en el económico?
5. ¿Cuál es la prueba contundente de que el hablar en lenguas que se menciona en Hechos era un dialecto comprensible?
6. ¿Cuál es la manera más simple para experimentar los aspectos interior y exterior del Espíritu?

**Citas tomadas de las publicaciones de Lee y LSM**

1. Estudio-vida de Marcos, págs. 557-559.
2. *Life-study of Acts* [Estudio-vida de Hechos], pág. 52.
3. Estudio-vida de Marcos, pág. 562.
4. *The Baptism in the Holy Spirit* [El bautismo en el Espíritu Santo], págs. 5-6.
5. Life-study of Acts, pág. 250.
6. The Baptism in the Holy Spirit, pág. 11.
7. Life-study of Acts, págs. 60-61, 260-261.
8. The Baptism in the Holy Spirit, págs. 15, 14.
9. *The Spirit and the Body* [El Espíritu y el Cuerpo], págs. 45-46

Lección siete

# LA OBRA DEL ESPIRITU EN LOS CREYENTES (1)
# LA REGENERACION

**Lectura bíblica**

Jn. 3:3-6; Ef. 2:1; 1 Co. 6:17; Ro. 8:16; Jer. 17:9; 13:23; Ro. 7:18; Col. 1:12-13; Hch. 11:15-17

**Bosquejo**

I. La regeneración
   A. Nacer del Espíritu
   B. Nacer de nuevo
   C. La manera de ser regenerados
II. La necesidad de ser regenerados
   A. Porque somos caídos
   B. Porque carecemos de la vida de Dios
III. La regeneración es muy diferente al concepto natural
   A. Recibir la vida y naturaleza de Dios
   B. No es un cambio de apariencia
   C. Vivir como hijos de Dios
IV. Recibir continuamente al Espíritu

**Texto**

**I. LA REGENERACION**

En las siguientes cinco lecciones veremos los aspectos principales de la obra que el Espíritu realiza en los creyentes. El objetivo principal de esta obra es impartir a Dios en el hombre, y la regeneración es la realidad y el inicio de dicha impartición divina. Dios el Espíritu infunde Su vida y naturaleza en nuestro ser. Dios tuvo que hacerse Espíritu para poder regenerarnos.

**A. Nacer del Espíritu**

[Según la Biblia, ser regenerado es nacer del Espíritu (Jn. 3:3-6). Antes de ser regenerados, nuestro espíritu estaba muerto. "Y vosotros estabais muertos en vuestros delitos y pecados" (Ef. 2:1). Pero en el momento en que creímos, el Espíritu de Dios entró en nosotros y se mezcló con nuestro espíritu (1 Co. 6:17; Ro 8:16). De este modo, nuestro espíritu obtuvo la vida de Dios y fue vivificado. De nuestros padres obtuvimos nuestro nacimiento natural, y del Espíritu de Dios, nuestro nacimiento espiritual.]

### B. Nacer de nuevo

[Ser regenerado también significa nacer otra vez o nacer de nuevo. Originalmente nacimos de nuestros padres, pero ahora hemos nacido de nuevo, esta vez, de Dios. La Biblia llama a esta experiencia nacer de nuevo. Cuando nacimos de nuestros padres, obtuvimos la vida humana, y cuando nacimos de Dios, obtuvimos la vida divina.]

### C. La manera de ser regenerados

[¿De qué manera entra el Espíritu de Dios en el espíritu del hombre? Cuando el hombre escucha el evangelio o lee la Palabra divina, el Espíritu de Dios opera en él, y lo convence de que es pecador y corrupto; así, él es convencido de pecado, de justicia y de juicio (Jn. 16:8). Cuando ve que es pecador, reconoce que es corrupto y está dispuesto a arrepentirse, entonces el Espíritu de Dios le ayuda a entender que el Señor Jesús es su Salvador, y que murió en la cruz y vertió Su sangre para la remisión de nuestros pecados. En ese momento, el hombre cree espontáneamente en el Señor y lo recibe como su Salvador. Una vez que hace esto, el Espíritu de Dios entra en su espíritu, le imparte la vida de Dios y lo regenera.]

## II. LA NECESIDAD DE SER REGENERADOS

### A. Porque somos caídos

[Necesitamos ser regenerados debido a dos factores. Por el lado negativo, nuestra vida se ha corrompido, es decir, se ha vuelto maligna y no se puede mejorar. "Engañoso es el corazón más que todas las cosas, y perverso; ¿quién lo conocerá?" (Jer. 17:9). "¿Mudará el etíope su piel, y el leopardo sus manchas? Así también, ¿podréis vosotros hacer bien, estando habituados a hacer mal?" (Jer. 13:23). "Pues yo sé que en mí, esto es, en mi carne, no mora el bien" (Ro. 7:18).]

### B. Porque carecemos de la vida de Dios

[Además, por el lado positivo, necesitamos ser regenerados porque carecemos de la vida de Dios. De entre todo lo que Dios creó, el hombre posee la vida más elevada. Ni las plantas ni los animales tienen una vida tan elevada como la de él. Aun así, el hombre, quien posee la vida creada más elevada, necesita obtener otra vida para estar completo; necesita la vida eterna e increada de Dios. Cuando Adán fue creado, únicamente obtuvo la vida creada, mas no la vida increada de Dios. Del mismo modo, cuando nacimos de nuestros padres, solamente obtuvimos la vida natural, la vida humana creada. Ese nacimiento nos dio entrada al reino humano. Pero para entrar al reino de Dios, requerimos un nacimiento de otro origen; tenemos que nacer de Dios. Mediante el primer nacimiento, nacimos en el reino de las tinieblas, pero por medio del segundo nacimiento, fuimos trasladados al reino del Hijo de Su amor (Col. 1:13).

Dios desea que obtengamos Su vida increada y que seamos transformados a Su imagen mediante esta vida, a fin de ser como El. Aunque nuestra vida humana no hubiese sido corrompida por la caída en Génesis 3, aun así necesitaríamos ser regenerados. En Génesis 1 y 2 Adán aún no había pecado, pero tampoco poseía la vida de Dios. Por esta razón, Dios lo puso frente al árbol de la vida para que tomara y recibiera la vida divina, y fuera así regenerado. El propósito de Dios al crear al hombre no es solamente tener un hombre impecable, sino más aún, obtener un Dios-hombre, uno que tenga Su misma vida y naturaleza.]

### III. LA REGENERACION ES MUY DIFERENTE AL CONCEPTO NATURAL

#### A. Recibir la vida y naturaleza de Dios

[¡La maravilla más grande de todo el universo es que los seres humanos puedan ser engendrados por Dios, y que pecadores como nosotros puedan ser hechos hijos de Dios! A través de este sorprendente nacimiento divino, recibimos la vida divina, la vida eterna (1 Jn. 1:2), como semilla en nuestro ser.]

[Supongamos que un perro pudiera nacer de su amo y recibir su vida y naturaleza. Esto seguramente captaría la atención de los medios noticiosos. ¿No sería un enorme milagro que la vida y naturaleza de un ser humano se impartieran en un perro y lograran que éste se convirtiera en un hombre-perro? En dado caso, no sólo ese perro sería lavado, adornado y embellecido, sino que de hecho obtendría la vida y la naturaleza humanas. Por asombroso que parezca, por medio de la regeneración recibimos la vida y naturaleza de Dios.]

### B. No es un cambio de apariencia

[Este entendimiento de la regeneración es contrario al concepto natural. En el ejemplo del perro que recibe la vida humana, descubrimos que nuestro concepto natural es simplemente que el perro sea limpiado y embellecido. En principio, muchos cristianos están ocupados limpiando su vida y reformándose, en lugar de obtener la vida y naturaleza divinas a través de la regeneración. La obra de Dios no consiste simplemente en limpiarnos, mejorarnos y corregirnos exteriormente. Lo que El busca, según Su economía, es regenerarnos para que seamos hijos de Dios, nacidos de El. Esto es indeciblemente grandioso.

No negamos que la salvación incluya la limpieza que efectúa la sangre redentora de Cristo. En efecto, los que somos salvos hemos sido limpiados por Dios. Pero éste no es el propósito principal de la salvación. Lo más importante es que Dios nos ha regenerado, que El impartió Su vida y naturaleza en nosotros y nos hizo Sus hijos. No somos hijastros, sino que verdaderamente somos hijos de Dios en vida. Ciertamente no existe una maravilla más grande en todo el universo, que hombres pecadores sean regenerados y hechos hijos de Dios. Hoy muchos buscan prodigios y milagros, pero no se dan cuenta que no existe un milagro más grande que la regeneración. Por medio de la regeneración las personas caídas son hechas hijos de Dios. Al salvarnos, Dios hizo de nosotros, los pecadores caídos, hijos divinos Suyos.]

## C. Vivir como hijos de Dios

[Pocos cristianos se dan cuenta de que son hijos de Dios y que Dios desea que vivan como tales. Una vez que son salvos, la mayoría de los cristianos trata de enmendarse y se esfuerza por agradar a Dios. En sus esfuerzos por reformar al hombre natural y agradar a Dios, la gran mayoría del pueblo del Señor yerra el blanco de la economía de Dios. La salvación que Dios efectúa está ligada al cumplimiento de Su economía, y ésta no tiene nada que ver con la ética. La salvación que Dios nos brinda conforme a Su economía, consiste en regenerarnos por medio de la vida divina para que seamos Sus hijos y vivamos como tales. La meta de Dios no es simplemente que mejoremos nuestro comportamiento y que hagamos el bien. Su propósito no es tener un grupo de gente buena. El desea que vivamos como verdaderos hijos de Dios. Su intención no es simplemente limpiarnos, sino que vivamos como hijos Suyos. Esto requiere que recibamos al Espíritu de Dios. Nacimos del Espíritu y debemos seguir recibiendo la suministración del Espíritu.]

### IV. RECIBIR CONTINUAMENTE AL ESPIRITU

[Gálatas 3:5 dice: "Aquel, pues, que os suministra abundantemente el Espíritu, y hace obras poderosas entre vosotros, ¿lo hace por las obras de la ley, o por el oír con fe?" Este versículo indica que Dios continúa suministrándonos el Espíritu. Podemos usar la electricidad como ejemplo. Después de que la electricidad se instala en un edificio, ésta es trasmitida continuamente al edificio. Del mismo modo, después de que Dios nos regenera con Su Espíritu y nos hace Sus hijos, El continúa suministrándonos el Espíritu. Nada es más crucial que recibir constantemente esta suministración.]

En lugar de esforzarnos por conducirnos religiosamente, debemos orar: ["Señor Jesús, abro mi ser a Ti. Te agradezco que he nacido de Dios, he nacido del Espíritu todo-inclusivo. Señor, este Espíritu todavía está trasmitiendo algo de Ti en mi ser. Te agradezco por esta trasmisión maravillosa".]

Entonces llegaremos a ser hijos de Dios, quienes disfrutamos la impartición divina del Dios Triuno y vivimos por ella. ¡Aleluya por la regeneración!

### RESUMEN

La regeneración es el comienzo de la impartición divina. Cuando el Espíritu de Dios entra en una persona, el espíritu de ésta es vivificado; nace del Espíritu. Esto es nacer de nuevo. Es un nacimiento espiritual, adicional a nuestro nacimiento natural. El hombre necesita ser regenerado no solamente por causa de su condición caída, sino principalmente porque carece de la vida de Dios. La regeneración es muy distinta a cambiar o reformar externamente a una persona, lo cual concuerda con el concepto natural. Por medio de la regeneración, las personas reciben la vida y la naturaleza divinas, y llegan a ser hijos de Dios. Los creyentes deben vivir por dicha vida, la cual les es trasmitida por el Espíritu.

### Preguntas

1. ¿Qué le sucede al espíritu del hombre cuando es regenerado?
2. ¿Por qué la Biblia se refiere a la regeneración como "nacer de nuevo"?
3. ¿Cuáles son los dos factores por los que se requiere que el hombre sea regenerado?
4. ¿Qué relación tienen la regeneración y el propósito de Dios?
5. ¿Cómo muestra Génesis que Adán necesitaba ser regenerado aun antes de pecar?
6. ¿Cuál es el concepto natural o religioso acerca de mejorar o reformar las personas? ¿Cómo difiere esto de la regeneración?

### Citas tomadas de las publicaciones de Lee y LSM

1. *What is Regeneration?* [¿Qué es la regeneración], pág. 6.
2. El conocimiento de la vida, págs. 29-30.
3. What is Regeneration? págs. 7-8.
4. *Life-study of First John* [Estudio-vida de 1 Juan], págs. 25, 214.
5. Estudio-vida de Gálatas, págs. 33, 287-288, 292.

Lección ocho

# LA OBRA DEL ESPIRITU EN LOS CREYENTES (2)
## LA SANTIFICACION

**Lectura bíblica**

2 Ts. 2:13; 1 P. 1:1-2; Ro. 6:19; 8:2, 10; Jn. 20:22; 1 Ts. 5:23; Jn. 6:63; 17:17

**Bosquejo**

I. La santificación
II. Los dos aspectos de la santificación
   A. Antes de la justificación
   B. Después de la justificación
     1. La santificación en cuanto a nuestra posición
     2. La santificación en cuanto a nuestra persona
III. La santificación es efectuada por la Palabra y por el Espíritu

**Texto**

### I. LA SANTIFICACION

La santificación es el proceso por el cual una persona es hecha santa. Muchos dirían que ser santificado consiste en no pecar y en mantenerse alejado de toda maldad. Esto es verdad, pero es sólo una pequeña parte de la santificación.

[El propósito eterno de Dios es forjarse en nuestro ser y mezclar Su persona con nosotros a fin de que le expresemos. Cuando Dios nace en nosotros, se inicia el proceso de la mezcla. ¡Pero esto es sólo el comienzo! Se requiere que crezcamos. Sin el crecimiento, no podríamos disfrutar la primogenitura. Dios nace en nuestro espíritu, el centro de nuestro ser, pero Su deseo es extenderse desde allí y transformar las partes de nuestra alma, y además, transfigurar nuestro cuerpo físico. Mediante este proceso todo nuestro ser es impregnado de la esencia de Dios. Esta es la verdadera santidad o santificación: ser completamente mezclados con Dios.]

En 2 Tesalonicenses 2:13 dice: "Dios os haya escogido

desde el principio para salvación en santificación por el Espíritu y en la fe en la verdad". [El Espíritu santifica a los creyentes, apartándolos para el propósito eterno de Dios. Desde el día que oímos el evangelio por primera vez, el Espíritu empezó a santificarnos impartiendo al Dios Triuno en nuestro ser.]

## II. LOS DOS ASPECTOS DE LA SANTIFICACION

[La santificación consta de dos aspectos: el primero ocurre antes de la justificación, y el segundo, después de la misma. En el segundo aspecto, vemos dos lados: uno tiene que ver con nuestra posición y el otro con nuestra persona. Una vez que Dios nos justifica y nos regenera, el Espíritu que santifica inicia Su obra de separarnos para Dios. Primero, el Espíritu nos separa de las cosas comunes y mundanas. Esta es una santificación en cuanto a posición, y es objetiva. Simultáneamente, el Espíritu comienza a santificarnos en nuestra forma de ser, en nuestra inclinación natural, impregnándonos consigo mismo. Este es el lado subjetivo de la obra santificadora del Espíritu Santo. La santificación subjetiva es lo que conocemos como la obra de transformación. La santificación subjetiva incluye la transformación de nuestro carácter, y de nuestras partes internas. Por lo tanto, esta transformación es la santificación que el Espíritu efectúa en nuestro carácter.]

### A. Antes de la justificación

En 1 Pedro 1:1-2 dice que fuimos elegidos "según la presciencia de Dios Padre en santificación del Espíritu, para obedecer y ser rociados con la sangre de Jesucristo".

[Pedro dice que la santificación empieza cuando el Padre nos escoge, aun antes de que Cristo nos redime. Según este versículo, la santificación del Espíritu es lo que nos lleva a obedecer y ser rociados con la sangre de Cristo. Ciertamente, esto quiere decir que la santificación del Espíritu acontece aún antes de que experimentamos la redención que efectuó Cristo.]

Dios nos eligió en la eternidad pasada. Pero ¿cómo experimentamos esta elección? Mediante la aplicación del Espíritu. Todos podemos testificar de esto basados en nuestra experiencia. Anteriormente anduvimos vagando por la tierra, sin

## LA SANTIFICACION

tomar en cuenta a Dios. Pero un día, el "viento" del Espíritu "sopló" y nos condujo a un lugar donde escuchamos el evangelio. Al escucharlo se nos infundió la fe. De esta manera la elección de Dios se hizo una realidad para nosotros. Además, también se nos aplicó la redención de Cristo. En este sentido, la santificación del Espíritu sucedió antes de que experimentáramos la redención que efectuó Cristo.]

[Usaré mi propia experiencia como ejemplo de lo que es la santificación del Espíritu. Yo nací en el contexto de la religión cristiana, pero, por supuesto, aún no había nacido en Cristo. De joven, tuve una actitud muy rebelde, al ver algunas cosas inadecuadas en el cristianismo con las que no estaba de acuerdo.

Pero un día, a la edad de diecinueve años, fui cautivado por el Espíritu santificador. Una joven evangelista llegó a mi pueblo natal, y por curiosidad, fui a escucharla. En la reunión, mientras estaba sentado, el Espíritu me preguntó: "¿Qué haces aquí? He estado tratando de capturarte desde hace tiempo, y ahora llegó el momento de lograrlo". Desde aquel día fui capturado por el Señor, me arrepentí, comencé a obedecerlo y acepté todo lo que El ha logrado por mí. Sin duda, allí mismo fui rociado con la sangre de Cristo y experimenté el primer aspecto de la obra santificadora del Espíritu. A partir de ese momento, el Espíritu me ha estado santificando gradualmente. Esta obra, el segundo aspecto de la santificación del Espíritu, continúa hasta el día de hoy.

La obra santificadora del Espíritu comenzó aun antes de que Dios nos justificara, y desde entonces, continúa avanzando. Antes de que se nos justificara, fuimos separados para obedecer y ser rociados con la sangre de Cristo.]

### B. Después de la justificación

#### 1. *La santificación en cuanto a nuestra posición*

[Lo primero que Dios hace es apartarnos para El, a fin de que lleguemos a ser santos; esto incluye separarnos de nuestros familiares, vecinos, colegas y amigos.] Esto no significa necesariamente que debamos apartarnos de ellos físicamente, sino que seamos diferentes a todos en la manera en que pensamos, hablamos y actuamos.

Romanos 6:19 dice: "Hablo en términos humanos, por la debilidad de vuestra carne; que así como presentasteis vuestros miembros como esclavos a la inmundicia y a la iniquidad para iniquidad, así ahora presentad vuestros miembros como esclavos a la justicia para santificación".

[Existen muchos cristianos, sin embargo, que son salvos, pero que no están separados. Lo normal es que una vez que alguien se salva, se separe del mundo. Por esto se le llama a los creyentes, santos. La mayoría de los cristianos de hoy son casi iguales a la gente común del mundo. No viven separados para Dios. Sus parientes y amigos no saben que son cristianos. Ser santo es estar separado para Dios. Esto, por supuesto, habla de un cambio de posición.]

Debemos entender que esta separación no es un asunto muy profundo; es simplemente un cambio de posición. Pero no piensen que esto no es importante; pues lo es, y mucho. Como santos que somos, tenemos una posición separada, y debemos mantenerla.]

### 2. La santificación en cuanto a nuestra persona

[En la etapa subjetiva de la santificación Dios nos impregna consigo mismo. La separación se efectúa rápidamente, en corto tiempo, pero se requiere mucho tiempo para que Dios sature nuestro ser. Si somos fieles al Señor, la naturaleza de Dios se nos impartirá continuamente. Por el lado de Dios, El desea llenarnos consigo mismo; por nuestro lado, debemos permitírselo. Esto toma tiempo. Este es el proceso por el que llegamos a ser santos.]

[Para lograr esto, Dios se procesó y ahora es el Espíritu de vida, que está disponible a nosotros (Ro. 8:2). Antes de procesarse, Dios no estaba disponible ni podía efectuar la obra subjetiva de santificación. Antes de que Dios pasara por el proceso, El pudo crear el mundo, pero no pudo entrar en Sus criaturas. Aunque hizo muchas cosas fuera del hombre, no podía entrar en él, hasta que pasara el proceso completo de la encarnación, crucifixión y resurrección. Desde el momento en que se procesó, llegó a ser el Espíritu de vida, disponible a nosotros. Ahora, El es como un soplo que podemos inhalar (Jn. 20:22), y le es muy fácil entrar en nosotros. Dios, el

LA SANTIFICACION 65

Espíritu de vida, entró en nuestro espíritu, infundiéndole vida. Desde el momento en que Cristo, el Espíritu vivificante, entró en nosotros, nuestro espíritu es vida a causa de la justicia (Ro. 8:10). Por medio de la regeneración, nuestro espíritu fue hecho vida. Ahora, como Espíritu de vida que está en nuestro espíritu, el Señor se extiende desde nuestro espíritu a nuestra alma, mente, parte emotiva y nuestra voluntad. Finalmente, El se extenderá a nuestro cuerpo mortal, y así nos impregnará por completo. A este hecho se le llama santificación. Mediante ella, Dios forja Su naturaleza santa en todo nuestro ser: espíritu, alma y cuerpo (1 Ts. 5:23). Así todo nuestro ser será completamente impregnado y santificado. Este es el proceso que estamos experimentando actualmente.]

### III. LA SANTIFICACION ES EFECTUADA POR LA PALABRA Y POR EL ESPIRITU

La santificación es efectuada por la Palabra, la cual es la verdad, y por el Espíritu, que es el Espíritu de la verdad. El Evangelio de Juan menciona la Palabra y el Espíritu con mucha frecuencia. En 6:63 el Señor dice: "Las palabras que Yo os he hablado son espíritu y son vida". En 17:17 El oró: "Santifícalos en la verdad; Tu palabra es verdad".

[De hecho, la Palabra y el Espíritu son uno. Doy gracias al Señor porque muchos hemos regresado a la Palabra y nos sumergimos en ella diariamente. Al acudir a la Palabra por las mañanas, exteriormente tocamos la Palabra, pero interiormente el Espíritu nos toca. De esta manera, la Palabra y el Espíritu, los cuales son la realidad, nos santifican.]

Supongamos que los jóvenes tocan la Palabra con el Espíritu durante el avivamiento matutino antes de irse a la escuela. Ciertamente, durante el día, esta palabra de la verdad trabajará en ellos, los separará y los hará diferentes a sus compañeros; su comportamiento, acciones, obras, pensamientos y sentimientos serán diferentes. Algo operará dentro de ellos y los santificará, los hará santos.

Al tomar la Palabra de esta manera, percibimos que algo del Señor se forja en nosotros. Esto no es un simple conocimiento de la Biblia o de las cosas del Señor, sino la realidad del Dios Triuno, que vive y opera en nosotros y nos separa del mundo. Esto nos hace diferentes de la gente común. Puedo afirmar, al ver las caras de los jóvenes, que ellos experimentan la presencia del Señor. ¡Qué bendición! Todas las mañanas podemos tener contacto con la palabra viva y permitir que la realidad divina se infunda en nuestro ser. Así se infunde en nosotros el Dios Triuno.

**RESUMEN**

Después de regenerar nuestro espíritu, Dios desea impregnar todo nuestro ser consigo mismo. En esto consiste la obra de santificación que realiza el Espíritu. La santificación consta de dos aspectos: uno se efectúa antes de la justificación y el otro después de la misma. Antes de que seamos justificados, el Espíritu opera en nosotros y nos conduce al arrepentimiento. Después de arrepentirnos y de ser justificados, el Espíritu continúa su obra santificadora en dos maneras: en cuanto a nuestra posición y en cuanto a nuestro modo de ser. Una manera práctica de experimentar la santificación es entrar en la Palabra y permitir que el Espíritu opere en nosotros.

### Preguntas

1. ¿Por qué decimos que ser santificados es más que simplemente no pecar?
2. ¿Cuáles son los dos aspectos de la santificación? Explíquelos brevemente.
3. ¿Cuáles son los dos aspectos de la santificación después de que somos justificados? Explíquelos brevemente.
4. ¿Qué hizo posible que Dios el Creador pudiera entrar en el hombre e impregnar todo su ser?
5. ¿Qué versículo del Evangelio de Juan afirma que la Palabra nos santifica?

### Citas tomadas de las publicaciones de Lee y LSM

1. *God's Purpose for the Church* [El propósito que Dios tiene para la iglesia], pág. 6.
2. Extractos de los mensajes del entrenamiento de invierno de 1985, pág. 6.
3. *Life-study of First Peter* [Estudio-vida de 1 Pedro], págs. 42-43, 32-33, 19-20.

4. *Life-study of Ephesians* [Estudio-vida de Efesios], págs. 28, 30.
5. Estudio-vida de Romanos, pág. 222.
6. *Truth Messages* [Mensajes de la verdad], págs. 54, 42.

Lección nueve

## LA OBRA DEL ESPIRITU EN LOS CREYENTES (3)
## LA TRANSFORMACION

**Lectura bíblica**

2 Co. 3:18; Ro. 12:2

**Bosquejo**

I. La transformación
   A. El resultado de la santificación
   B. Un cambio metabólico
      1. Se desecha el elemento viejo y se añade uno nuevo
      2. Al recibir continuamente al Espíritu todo-inclusivo
II. La manera de ser transformados
   A. No amoldarnos a este siglo sino transformarnos por medio de la renovación de la mente
   B. Mirar y reflejar al Señor

**Texto**

### I. LA TRANSFORMACION

### A. El resultado de la santificación

En la lección anterior vimos el tema de la santificación, acerca de que la vida divina se infunde en todo nuestro ser. [Cuando la vida se imparte en nosotros, da por resultado la transformación. Esto es similar a una reacción química causada por un elemento que se añade a otro. La vida divina introducida en nosotros mediante la santificación es un elemento químico divino. Cuando este elemento se imparte a nuestro ser, se crea una reacción, y esta reacción es la transformación. La transformación cambia nuestra naturaleza, esencia, apariencia, gustos y todo nuestro ser. No es un cambio, corrección ni ajuste externo, sino que es por completo un cambio metabólico interno que se efectúa en el creyente.]

## B. Un cambio metabólico

### 1. Se desecha el elemento viejo y se añade uno nuevo

[En nuestro cuerpo físico, el metabolismo se refiere a los procesos que se dan en las células mediante los cuales se desechan elementos viejos y se añaden otros nuevos. En el Nuevo Testamento a este cambio, aplicado al alma, se le llama la transformación (2 Co. 3:18; Ro. 12:2). Si nos aplicamos maquillaje, obtenemos un cambio de apariencia, lo cual es meramente un cambio externo, y no un cambio metabólico. Por otro lado, tener un mejor color de piel debido a una dieta apropiada es el resultado de un proceso metabólico. En este proceso, nuevos elementos son asimilados orgánicamente por nuestro cuerpo, reemplazando los viejos. La transformación es un cambio en vida, no simplemente en apariencia. El elemento divino se añade a nosotros y así se desecha el elemento humano viejo. Este cambio orgánico ocurre en nuestra alma.]

### 2. Al recibir continuamente al Espíritu todo-inclusivo

[Vemos pues, que nuestro espíritu necesita ser regenerado, y nuestra alma, ser transformada. En todas las iglesias, los santos deben darle importancia a este cambio metabólico en vida, que se efectúa al extenderse en nosotros el Espíritu divino.] [El Espíritu es la misma esencia y elemento del Señor Jesús. Desde el momento en que usted fue salvo, El comenzó a impartirle Su elemento. Día tras día, mientras usted esté dispuesto y le da la oportunidad, El le impartirá Su elemento. Las doctrinas no son el elemento adecuado; sólo Cristo mismo, como Espíritu vivificante y todo-inclusivo, lo es. Este Cristo se imparte en nuestro espíritu, y desde ahí se extiende a todo nuestro ser, o sea, a nuestro corazón, mente, parte emotiva y voluntad. El elemento de Cristo es el elemento transformador. Una vez que este elemento entra en nosotros, algo sucede. Por ejemplo, después que las madres alimentan a sus hijos, éstos digieren y asimilan el alimento. El elemento de la comida entra en la sangre de los niños y luego penetra en sus células y tejidos orgánicos, produciendo el crecimiento.]

De la misma manera, [nosotros simplemente debemos abrir continuamente nuestro ser al Señor y decirle: "¡Oh Señor Jesús! ¡Entra en mí! ¡Señor Jesús, lléname!" Abra su ser y permita que Cristo le llene. Si es fiel en recibirle de una manera constante y cabal, El se extenderá en todo su ser. Si digerimos y asimilamos los elementos nutritivos de Cristo debidamente, seremos impregnados y nutridos con ellos.]

## II. LA MANERA DE SER TRANSFORMADOS

### A. No amoldarnos a este siglo sino transformarnos por medio de la renovación de la mente

Romanos 12:2 dice: "No os amoldéis a este siglo, sino transformaos por medio de la renovación de vuestra mente". [Si estamos ocupados en las cosas de este siglo, nuestra mente no podrá ser renovada. Es por esto que muchos cristianos, aunque son verdaderamente salvos, no entienden las cosas espirituales. Se han modernizado demasiado. Tenemos que abandonar esta era moderna. Si nos amoldamos a este siglo, nunca seremos transformados por medio de la renovación de nuestra mente.

Ya que la mente es parte del alma, es en el alma donde ocurre la transformación. Hemos sido regenerados en el espíritu, pero el problema ahora reside en el alma. En nuestro espíritu somos completamente diferentes de la gente del mundo, pero me temo que en nuestra mente, voluntad y parte emotiva todavía seamos iguales a ellos. La regeneración de nuestro espíritu ya es un hecho, pero ahora necesitamos experimentar la transformación de nuestra alma.

Demos algunos ejemplos. ¿Qué podríamos decir acerca de nuestra vestimenta? Muchas personas salvas son exactamente como la gente del mundo en cuanto a su afición a las modas. Se visten conforme a la era moderna y piensan que siempre y cuando no sea pecaminoso, es totalmente correcto hacerlo; pero ésa es exactamente la manera de pensar actual y el concepto natural del hombre. Si fueran transformados, al ser renovada su mente, su manera de vestir cambiaría.

¿Y qué de la manera en que gastamos nuestro dinero? ¿Ha experimentado algún cambio en cuanto a esto? Conozco el caso de muchos cristianos. Después de que son salvos, continúan utilizando su dinero de la misma manera que la gente del mundo. No serán transformados en la forma de gastar el dinero hasta que amen más al Señor y le den la oportunidad de trabajar en ellos.

Del mismo modo, hay muchos hermanos jóvenes universitarios que piensan igual que los jóvenes del mundo acerca de la preparación académica. Pero si le permitieran al Señor que los transformara, por medio de la renovación de su mente, ciertamente su mentalidad cambiaría con relación a estos asuntos. Esto no significa que dejarían sus estudios, sino que sus pensamientos y conceptos acerca de sus estudios sería totalmente diferente. Tendrían otro punto de vista al evaluar sus estudios y títulos universitarios.

Debe haber un cambio en nuestra manera de ver todas las cosas. ¿En qué consiste dicho cambio? Es la transformación de nuestra alma, la cual se efectúa mediante la renovación de nuestra mente. Tenemos a Cristo como vida en nuestro espíritu, pero ahora necesitamos que El se extienda a las partes internas de nuestra alma y las impregne consigo mismo. Esto transformará nuestra alma a la imagen de Cristo. Entonces Su imagen se reflejará en nuestros pensamientos. En todo lo que pensemos, nuestra mente renovada expresará la gloriosa imagen de Cristo. Entonces el entendimiento de nuestra mente será espiritual.]

### B. Mirar y reflejar al Señor

En 2 Corintios 3:18 dice cómo somos transformados: "Mas, nosotros todos, a cara descubierta mirando y reflejando como un espejo la gloria del Señor, somos transformados de gloria en gloria en la misma imagen, como por el Señor Espíritu".

[Mientras miramos y reflejamos como un espejo la gloria del Señor, somos transformados en la imagen del Señor de un estado de gloria a otro. Cuando uno para frente a un espejo, el espejo lo refleja. Pero si el espejo se cubre con un velo, aun cuando se pusiera delante de él, no podría reflejarlo. Si somos un espejo que no tiene velos, reflejaremos a Cristo al mirarlo.

## LA TRANSFORMACION

Este es el proceso de la transformación. El Señor es el Espíritu que nos transforma por dentro. Aunque somos muy naturales y pecaminosos, el Espíritu transforma nuestra imagen natural en Su gloriosa imagen.]

[Si todavía hay velos que nos cubren, seremos como una cámara con el lente cubierto, y la luz no podrá penetrar a nuestro ser interior. Si queremos que nuestros velos sean quitados, debemos decirle al Señor: "Señor, quita todo lo que me separa de Ti; quita mis velos; quita todas las opiniones que son velos para mí. Señor, quiero estar completamente libre, sin velos". Si hacemos esto, miraremos y reflejaremos a cara descubierta la gloria del Señor y seremos transformados en Su imagen de gloria en gloria.

Hoy la gloria es el Cristo resucitado, y este Cristo es el Espíritu. Esto significa que el Señor como gloria es el Espíritu que vive en nosotros, el cual mora en nuestro espíritu. Ahora debemos ejercitar más y más nuestro espíritu orando, leyendo la Palabra e invocando el nombre del Señor. Mientras más ejercitamos nuestro espíritu a cara descubierta, más miraremos al Señor, y mientras le miramos, también lo reflejaremos. Al mirarlo y reflejarlo de esta manera, Su elemento, que es Su misma esencia, se añadirá a nuestro ser. Este nuevo elemento reemplazará y eliminará el elemento viejo de nuestra vida natural antigua, y experimentaremos la transformación, que es un cambio metabólico. De este modo seremos transformados en la imagen del Señor.]

**RESUMEN**

La transformación es un cambio o reacción que se da en nuestro ser como consecuencia de que la vida divina es impartida en nosotros. Esto no es simplemente un cambio externo, sino un cambio en vida, un cambio metabólico en nuestra alma. Cuando disponemos nuestro ser al Señor, Cristo como Espíritu se imparte en nosotros como elemento transformador. No debemos amoldarnos a esta era moderna; antes bien, debemos ser transformados por medio de la renovación de nuestra mente. Al mirar y reflejar al Señor a cara descubierta, seremos transformados en Su imagen.

### Preguntas

1. ¿Cómo se relaciona la transformación con la santificación?
2. Describa brevemente cómo una reacción química puede ejemplificar el proceso de transformación.
3. ¿Cuál es la diferencia entre un cambio metabólico y un simple cambio de apariencia externa? Relaciónelo con nuestra transformación.
4. ¿Cuáles son los dos versículos del Nuevo Testamento que dicen cómo podemos ser transformados?

### Citas tomadas de las publicaciones de Lee y LSM

1. *The Spirit and the Body* [El Espíritu y el Cuerpo], págs. 69-70.
2. *The Completing Ministry of Paul* [El ministerio de Pablo, un ministerio que completa la revelación divina], pág. 66.
3. *The Kingdom* [El reino], págs. 157-159.
4. *La economía de Dios*, págs. 89-90, 25-26.
5. *Life-study of Second Corinthians* [Estudio-vida de 2 Corintios], págs. 213-214.

Lección diez

## LA OBRA DEL ESPIRITU EN LOS CREYENTES (4)
## LA UNCION, EL SELLO Y LAS ARRAS

**Lectura bíblica**

2 Co. 1:21-22; 1 Jn. 2:27; Ef. 1:11, 13-14

**Bosquejo**

I. La unción
  A. El mover del Espíritu en nosotros
  B. Añade el elemento divino
II. El sello
  A. Indica pertenencia
  B. Imprime la imagen de Dios
III. Las arras
  A. Una muestra y un anticipo
  B. Dadas para nuestro disfrute
IV. Una herencia mutua

**Texto**

En esta lección veremos algunos símbolos que el Nuevo Testamento utiliza para describir la obra del Espíritu en el creyente. En 2 Corintios 1:21-22 dice: "Y el que nos adhiere firmemente con vosotros a Cristo, y el que nos ungió, es Dios, el cual también nos ha sellado, y nos ha dado en arras el Espíritu en nuestros corazones". En estos versículos vemos al Espíritu como la unción, el sello y las arras.

### I. LA UNCION

**A. El mover del Espíritu en nosotros**

En 1 Juan 2:27 dice: "La unción que vosotros recibisteis de El permanece en vosotros, y no tenéis necesidad de que nadie os enseñe; pero como Su unción os enseña todas las cosas".

[La unción es muy misteriosa, pero es real y se puede experimentar. En lugar de utilizar el término "ungüento", Juan usa la palabra "unción". Esta expresión se refiere al mover del

Espíritu todo-inclusivo en nosotros.] [Este Espíritu es el cumplimiento del tipo del ungüento compuesto revelado en Exodo 30. En el ungüento compuesto se hallaban varios elementos o ingredientes. Tal como la pintura tiene diversos elementos, así los tiene el Espíritu que unge.] Estos elementos incluyen la divinidad, la humanidad, la eficacia de la muerte de Cristo, el poder de Su resurrección y la capacidad para llevar responsabilidad.

### B. Añade el elemento divino

[Cuando el Dios Triuno llega a nosotros, viene como Espíritu. El mover del Espíritu es la unción interior (1 Jn. 2:27). El Dios Triuno que mora en nosotros es el Espíritu todo-inclusivo, compuesto y vivificante, el cual es el ungüento que se mueve en nuestro ser. El Espíritu no está inerte dentro de nosotros; más bien, está activo, se mueve y opera en nuestro ser. Esta es la unción, el Dios Triuno mismo como Espíritu todo-inclusivo, que se mueve en nosotros y nos impregna con la esencia divina.]

[La unción añade en nosotros la esencia de Dios, el elemento divino. Esto es similar al proceso de pintar una mesa. Mientras usted pinta la mesa, el elemento de la pintura se añade a ella. De la misma manera, mientras el ungüento se mueve en nosotros, imparte el elemento divino en nuestro ser. En el recobro del Señor tenemos la certeza de que día tras día algo se mueve en nosotros y aplica la "pintura" interior. Cuanto más se mueve el ungüento, más nos pinta con el elemento divino. ¡Aleluya que en el recobro del Señor se nos añade el elemento divino! Esto no es una mera enseñanza. En realidad, algo se mueve sobre nosotros y en nosotros, haciendo que el elemento divino se acumule en nuestro ser. Cuanto más disfrutamos el fluir de la vida interior, y cuanto más disfrutamos al Señor en las reuniones, más crece Dios en nuestro interior. Aunque todavía podemos ser débiles, a pesar de ello, tenemos a Dios en nosotros, ya que Su unción constantemente añade el elemento divino a nuestro ser.

### II. EL SELLO

[Después de la unción viene el sello. El sello es bastante

fácil de entender. Cuando alguien pinta, en cierto modo también sella.]

### A. Indica pertenencia

Efesios 1:13-14 dice: "Fuisteis sellados con el Espíritu Santo de la promesa ... hasta la redención de la posesión adquirida". [Ser sellados con el Espíritu Santo significa ser marcados con El como sello viviente. Nosotros fuimos hechos herencia de Dios (v. 11). Cuando fuimos salvos, Dios puso Su Espíritu Santo en nosotros como un sello para marcarnos, indicando que le pertenecemos. El Espíritu Santo, el cual es Dios mismo, causa que llevemos la imagen de Dios representada por el sello, haciéndonos de este modo iguales a Dios. Suponga que un hermano pone un sello en su Biblia. Cuando lo hace, su Biblia lleva la imagen de ese sello. El sello indica que la Biblia le pertenece. De ahí que, el sello significa pertenencia. Cuando creímos en el Señor Jesús, el Espíritu de Dios nos selló, lo cual significa que Dios es nuestro dueño y que le pertenecemos.

### B. Imprime la imagen de Dios

[Todo sello tiene una imagen. Si el sello es cuadrado, la imagen también lo será. El Espíritu como sello de Dios imprime la imagen de Dios en nosotros. Esto implica que el sello del Espíritu Santo es la expresión de Dios. Cuando recibimos al Espíritu Santo como el sello de Dios, adquirimos la imagen y expresión de Dios mismo.] Sin embargo, si analizamos nuestra vida diaria, reconoceremos que expresamos muy poco a Dios. Cuando reñimos con nuestros padres, ¿expresamos la imagen de Dios?

[Muchos podemos testificar por experiencia que cuando creímos en el Señor Jesús, fuimos sellados en nuestro espíritu. Sin embargo, en nuestra mente, parte emotiva y voluntad, aún no veíamos el sello. Cuando creímos en el Señor, el Espíritu vino a nosotros y selló nuestro espíritu. Por esta razón, la Biblia dice que fuimos sellados. Sin embargo, no todas las partes de nuestro ser fueron selladas, sino solamente una, nuestro espíritu. Durante mucho tiempo después de ser salvos, todavía nuestra mente, parte emotiva y voluntad seguían sin ser selladas. No obstante, Efesios 1 dice que fuimos sellados hasta la redención.] Esto no se refiere a nuestra redención inicial, sino a la redención o glorificación de nuestro cuerpo. [La palabra "hasta", significa "resultar en" o "con miras a". De ahí que, nuestro espíritu fue sellado con miras a la redención de nuestro cuerpo. Esto implica que el sello se está extendiendo en nuestro interior. Comienza en nuestro espíritu y se extiende a nuestra mente, parte emotiva y voluntad.]

[Tenemos un sello vivo en nosotros, que se mueve constantemente. Después que el Espíritu sella una parte de nosotros, nuestro espíritu, El desea sellar la segunda y luego la tercera; El quiere sellar todo nuestro ser. Hasta que esto sea consumado, el sello continuará extendiéndose.] [¿Experimenta usted el sellar del Espíritu? ¿Está avanzando este sello en su interior? Debemos tener la certeza de que el sello del Espíritu se está extendiendo en nuestro ser. Cuando todo nuestro ser haya sido sellado, estaremos listos para que nuestros cuerpos sean redimidos.]

### III. LAS ARRAS

Después de mencionar la unción, 2 Corintios 1 habla del sello, y junto con ellos se mencionan las arras. Efesios 1:14 dice que el Espíritu mismo es las arras de nuestra herencia.

#### A. Una muestra y un anticipo

[En tiempos antiguos, la palabra griega que significa "arras", se usaba en la compraventa de terrenos. El vendedor daba al comprador una muestra del terreno de la tierra que se iba a comprar. De ahí que las arras, de acuerdo con el uso antiguo griego, eran también una muestra. De igual modo, el Espíritu Santo es la "muestra" de lo que heredaremos de Dios.

La palabra griega traducida "arras" en cierto sentido es igual a lo que hoy es un "pagaré", lo cual indica certeza, y constituye una garantía de los pagos que han de realizar en el futuro. Todas estas palabras —arras, pagaré y garantía— tienen un significado similar, todas se refieren a una garantía de pago. Pero la palabra griega significa además una muestra, un anticipo. Algunos traductores prefieren la palabra "anticipo". Al recibir la muestra, tenemos el anticipo de lo que se tendrá. Supongamos que alguien me da diez duraznos de su cosecha. Estos frutos representan una muestra, un anticipo del producto de toda la cosecha. Como personas que heredarán a Dios, tenemos al Espíritu Santo como arras, como garantía, como pago inicial de nuestra herencia. Además, el Espíritu Santo es una muestra, un anticipo. El anticipo nos da a probar a Dios; pero el deleite completo está aún por venir.]

### B. Dadas para nuestro disfrute

[El Espíritu nos es dado en arras para nuestro disfrute. Cuando estoy decepcionado o deprimido, lo que recibí como arras me fortalece y me levanta. Experimento esta garantía diariamente, a cada hora. La palabra "garantía" también significa que algo nos es dado como prenda. Mediante las arras del Espíritu somos animados y motivados. Cuando sentimos que nuestra situación es irremediable, las arras del Espíritu nos llenan de esperanza.]

[Probablemente durante toda su vida cristiana usted nunca había escuchado un mensaje sobre las arras del Espíritu. Conforme a mi experiencia, el Espíritu Santo me da una garantía constante en mi interior, pues me imparte más de Dios y de Cristo. Mientras más recibo de Cristo, más aumenta mi apetito por El. Tal vez muchos no tienen un gran apetito por Cristo. Esto se debe a que no prestan atención a las arras del Espíritu. No sólo debemos poner atención a la unción interior y al sello del Espíritu, sino también a las arras. Debemos decir: "Oh Señor Jesús, Tú eres tan dulce. Amén, Señor". Si hacemos esto, el Espíritu nos hará sentir gradualmente que El es nuestra arras. ¡Qué experiencia tan real!]

### IV. UNA HERENCIA MUTUA

[Necesitamos tanto el sello como las arras, porque la obra que Dios efectúa en nosotros gira en torno a dos clases de herencia. Efesios 1:11 indica que nosotros fuimos hechos herencia para Dios, y el versículo 14 declara que Dios es nuestra herencia. Nuestra herencia es Dios mismo. En la economía de Dios, nosotros somos una herencia para Dios, y El es una herencia para nosotros. Esta es una herencia mutua.] [El Espíritu que está en nosotros como sello es la garantía que Dios nos da, la cual indica que seremos Su herencia (Ef. 1:13); mientras que el Espíritu como arras es nuestra garantía de que Dios es nuestra herencia por la eternidad. La Nueva Jerusalén será una morada mutua y también un disfrute mutuo, en donde disfrutaremos a Dios como nuestra herencia eterna, y El nos disfrutará a nosotros como Su posesión eterna; ésta será la consumación del impartir de Su persona, y de que nosotros lo asimilemos a El.]

## RESUMEN

La unción, el sello y las arras describen tres aspectos de la obra que el Espíritu realiza en los creyentes. La unción es el mover del Espíritu compuesto en nosotros, que añade el elemento divino y la esencia divina a nuestro ser. El Espíritu Santo también está en nosotros como un sello viviente, lo cual indica que pertenecemos a Dios. El sello se extiende en nosotros hasta imprimir la imagen de Dios en todo nuestro ser. Además, el Espíritu es las arras, el anticipo del deleite pleno que heredaremos de Dios. El Espíritu como sello es la garantía que Dios nos otorga, de que seremos Su herencia; y el Espíritu como arras es nuestra garantía de que Dios será nuestra herencia por la eternidad.

### Preguntas

1. ¿En qué nos basamos para afirmar que la unción se refiere al mover del Espíritu compuesto en nosotros?
2. Explique qué queremos decir cuando hablamos de que el Espíritu nos "pinta".
3. ¿Cuáles son los dos aspectos del Espíritu como sello en nosotros?
4. ¿De qué manera indica Efesios 1:13-14 que el sello continúa extendiéndose en nuestro ser?
5. ¿Cuál es el origen griego de la palabra "arras"? ¿Qué nos dice esto acerca del Espíritu que está en nosotros?
6. Describa las dos clases de herencias y cómo el Espíritu es las arras y el sello que las garantiza.

## Citas tomadas de las publicaciones de Lee y LSM

1. *Life-study of First John* [Estudio-vida de 1 Juan], págs. 160, 178, 283.
2. *The Spirit and the Body* [El Espíritu y el Cuerpo], págs. 50-51.
3. *Life-study of Ephesians* [Estudio-vida de Efesios], págs. 106, 108, 111, 114, 116, 118, 113.
4. *1985 Winter Training Message Abstracts* [Extractos de los mensajes del entrenamiento de invierno de 1985], pág. 14.

Lección once

## LA OBRA DEL ESPIRITU EN LOS CREYENTES (5)
## LOS FORTALECE Y LOS ABASTECE PARA
## QUE PROCLAMEN A CRISTO

**Lectura bíblica**

1 Co. 9:16; Hch. 1:8; 1 Co. 2:4; 1 Ts. 1:5; Hch. 4:31

**Bosquejo**

I. Los creyentes nos caracterizamos por proclamar a Cristo
   A. Testigos del Cristo vivo
   B. Tenemos al Espíritu sobre nosotros y en nosotros
II. Predicar el evangelio
   A. Con poder, en el Espíritu Santo y en plena certidumbre
   B. Nuestro poder es el Dios Triuno como Espíritu
   C. Con oración, el Espíritu y denuedo
   D. Con el depósito que tenemos de la Palabra viva y rica
   E. Los santos jóvenes predican con poder
III. Proclamar a Cristo
   A. A nuestros parientes
   B. A todos, en todo lugar

**Texto**

**I. LOS CREYENTES NOS CARACTERIZAMOS POR PROCLAMAR A CRISTO**

En las cuatro lecciones anteriores vimos la obra esencial que el Espíritu efectúa en los creyentes. Ahora debemos ver que también existe un aspecto económico. La función del Espíritu económico, el Espíritu de poder, consiste principalmente en motivarnos a hablar. El es el Espíritu que habla. En 1 Corintios 9:16 Pablo dice: "Me es impuesta necesidad; y ¡ay de mí si no predico el evangelio!"

[Debemos darnos cuenta de que el deseo de Dios es que los

creyentes nos caractericemos por proclamar a Cristo y debemos esforzarnos para cumplir Su deseo.]

### A. Testigos del Cristo vivo

[En Hechos 1:8 el Señor Jesús dijo a Sus discípulos: "Pero recibiréis poder, cuando haya venido sobre vosotros el Espíritu Santo, y seréis Mis testigos en Jerusalén, en toda Judea, en Samaria, y hasta lo último de la tierra".] [No solamente en nuestras reuniones, sino también en nuestra vida diaria y todo el tiempo, Cristo debe ser el mismo elemento que hablamos, y nosotros constantemente debemos hablar por El y proclamarle. En cualquier momento y dondequiera que abramos nuestra boca, debemos impartir a Cristo, hablar por El y proclamarle. Un testigo es uno que habla solamente de cosas con respecto a aquél de quien da testimonio. Nosotros somos testigos de Cristo, y por ende, debemos hablar por El y proclamarle siempre que se nos presente la oportunidad. Aun los jóvenes cuando van a visitar a sus abuelos, no deben hablar mucho de otras cosas. Más bien, deben impartir a Cristo, hablar por El y proclamarlo.]

### B. Tenemos al Espíritu sobre nosotros y en nosotros

[Según el principio revelado en las Escrituras, para que Dios sea el contenido de lo que decimos, o sea, para proclamar nosotros a Cristo y hablar por El, requerimos al Espíritu. Sin el Espíritu no podremos hablar, y aun si habláramos, nos sentiriamos avergonzados. Cuando alguien habla de ciencia, geografía, historia, o de la situación política, cuanto más habla, más orgulloso se siente. No hay restricción ni frustración al hablar de estas cosas. Pero cuando alguien habla de Jesús, el sentimiento de vergüenza se presenta inmediatamente. Le resulta difícil abrir su boca para hablarle a la gente de Jesús. A menos que el Espíritu esté con nosotros, será verdaderamente difícil que proclamemos a Cristo. Pero cuando estamos llenos del Espíritu, nos exultamos, y disfrutamos hablando acerca de Cristo.]

[Para hablar, necesitamos al Espíritu, sobre nosotros y en nosotros. ¡Aleluya! Fuimos bautizados en el Espíritu, y por consiguiente, el Espíritu reposa sobre nosotros. Además, bebemos del Espíritu, así que, el Espíritu está dentro de nosotros. Tenemos al Espíritu. Ahora sólo debemos ejercitarnos, decir amén a lo que la Biblia dice. Las Escrituras dicen que el Espíritu está sobre nosotros, y nosotros decimos: "Amén". La Biblia dice que el Espíritu está dentro de nosotros, y nosotros decimos: "Amén". Si ejercitamos el espíritu, confirmamos que estamos realmente en el espíritu y que el Espíritu está sobre nosotros y en nosotros. Cuando hablo, El habla en mis palabras. Debemos practicar esto diariamente. Si no hay alguien a quien hablarle, háblele a los ángeles que están en los aires, o a los demonios que estén a su alrededor.]

## II. PREDICAR EL EVANGELIO

### A. Con poder, en el Espíritu Santo y en plena certidumbre

En 1 Corintios 2:4 Pablo dice: "Y ni mi palabra ni mi proclamación fue con palabras persuasivas de sabiduría, sino con demostración del Espíritu y de poder". En 1 Tesalonicenses 1:5 él dijo: "Pues nuestro evangelio no llegó a vosotros en palabras solamente, sino también en poder, en el Espíritu Santo y en plena certidumbre, como bien sabéis qué clase de personas fuimos entre vosotros por amor de vosotros".

[Debemos aprender que para predicar el evangelio tenemos que hacerlo con poder, en el Espíritu Santo y en plena certidumbre. Mientras predicamos el evangelio, debemos tener la certeza de que éste es un evangelio que salva. El evangelio que predicamos es poderoso para salvar a los hombres. Si los pecadores han de creer en el evangelio, nosotros mismos debemos creerlo primero. Debemos creer que el evangelio es poderoso para salvarlos. Lo que reflejan las caras de los que se oponen, es un engaño. Debemos tener la seguridad de que el evangelio que predicamos puede salvar aun a los más acérrimos opositores.]

### B. Nuestro poder es el Dios Triuno como Espíritu

[En realidad, nuestro poder reside en el Dios Triuno como Espíritu. ¿No cree que el Dios Triuno está con nosotros? Yo creo que El está conmigo cuando hablo. Antes de ministrar la palabra, usualmente oro: "Señor, vindica el hecho de que Tú eres un espíritu conmigo; yo por mi parte, deseo ejercitarme para ser un espíritu contigo. Te pido que mientras hablo, manifiestes que Tú eres un espíritu conmigo. Señor, comunica Tu palabra por medio de mis palabras". De esta forma oro antes de dar un mensaje. Por tanto, tengo la certeza de que mientras hablo, El es un solo espíritu conmigo y que El es quien habla en mí. Este es el verdadero poder.]

### C. Con oración, el Espíritu y denuedo

[Cuando comunicamos la palabra de Dios, debemos hacerlo con denuedo. En Hechos 4:31, el denuedo se relaciona con la proclamación de la Palabra. Este denuedo está estrechamente relacionado con el Espíritu, y el Espíritu está ligado a la oración. Este versículo incluye tres elementos. Mientras rogaban, es decir, mientras hacían peticiones y oraban a Dios, fueron llenos exteriormente del Espíritu de poder. Mediante la oración experimentaron al Espíritu, y con este Espíritu hablaron la palabra de Dios con denuedo. Podemos ver que predicar la palabra de Dios implica tres elementos: la oración, el Espíritu y el denuedo. No podemos tener denuedo sin el Espíritu, y no podemos experimentar el Espíritu, sin orar. La oración nos introduce al Espíritu, y el Espíritu es el denuedo. No es que el Espíritu nos dé el denuedo, sino que El mismo es el denuedo. Cuando estamos carentes del Espíritu, somos tímidos y no tenemos denuedo. El denuedo proviene del Espíritu, y éste lo recibimos orando. Estos tres elementos —la oración, el Espíritu y el denuedo— están ligados a la función de hablar. Debemos aprender a orar de tal manera que obtengamos al Espíritu. Entonces, tendremos el denuedo para hablar la palabra de Dios.]

### D. Con el depósito que tenemos de la Palabra viva y rica

[Los creyentes somos testigos de Cristo; así que, debemos proclamarlo habitualmente. Cuando vaya a visitar a su tía, olvídese de las últimas noticias, y háblele de Cristo. Desarrolle este hábito. Pero debe creer que mientras habla, el Espíritu Santo está presente en sus palabras y que las honra; si lo si lo hace, la gente será salva. Aprenda a hablar la palabra viva y rica. No diga: "Tía, tiene que creer en el Señor Jesús, de lo contrario irá al infierno". Esta manera de hablar ofenderá a la gente. Debe aprender a comunicar al rico Cristo. Dígale a su tía que cinco años atrás no sabía cuánto el Señor Jesús era para usted. Pero enumérele las ricas cualidades de Cristo. Puede decirle: "Ahora sé que Cristo es el poder y la sabiduría de Dios para mí, y que es mi justicia, mi satisfacción y mi redención".

Si va a comunicar unas palabras tan ricas como éstas, tiene que estudiar 1 Corintios 1. Aprenda a extraer las riquezas de la Palabra.] [No debe confiar en la inspiración. Suponga que nunca aprendió inglés, y espera que por inspiración podrá hablarlo. Le aseguro que puede esperar hasta que el Señor regrese, y aún no hablará en inglés.]

### E. Los santos jóvenes predican con poder

[Quizás dirá: "Hermano Lee, usted ha ministrado la Palabra por más de cincuenta años. ¿Pero cómo podemos nosotros ser poderosos al predicar el evangelio siendo tan jóvenes en el Señor?" Permítanme testificar que aun cuando era joven, mis palabras estaban llenas de poder, debido a que estaban presentes estos tres elementos: la oración, la Palabra y el Espíritu (la unción). Esto indica que aun los creyentes jóvenes pueden predicar el evangelio con gran poder e impacto, si confían en la oración, la Palabra y el Espíritu.

Jóvenes, tomen un pasaje de la Palabra y prediquenselo a alguien. No confíen en la elocuencia. Es posible ser elocuentes, y carecer de poder e impacto. Por otro lado, puede ser que alguien no sea tan elocuente, e incluso pronuncie mal las palabras, pero tenga impacto y poder en su predicación del evangelio. Si confiamos en la oración, la Palabra y el Espíritu, el Señor podrá usar aun a alguien con mala pronunciación, para salvar a otros.]

### III. PROCLAMAR A CRISTO

### A. A nuestros parientes

[Queridos santos, ahora estamos en el recobro del Señor y

creo que es el tiempo de que el Señor lleve a cabo Su mover actual. Todos en el recobro del Señor debemos impartir a Cristo diariamente a nuestros padres, hermanos, primos, cuñados y suegros. Le debemos mucho a nuestros parientes. Trate de hacer una lista de todos los nombres de sus familiares. De entre ellos, quizás sólo el veinte por ciento sean salvos, y los demás permanecen en incredulidad. Ellos necesitan que usted les hable. Todos sus parientes necesitan la ayuda que usted les proporciona al hablarles de Cristo. No les predique de una manera religiosa; antes bien, impártales a Cristo de una manera viviente. Minístrele a su padre, a su madre, a su tía, a su tío y a su hermano. Aun si tanto usted como su hermano ya son cristianos, deben hablarse el uno al otro. Permita que sus padres oigan sus conversaciones. No hablen de computadoras, de física ni de matemáticas, sino únicamente de Cristo. ¡El es el tesoro único! Hable acerca de Jesús, de Cristo, del Espíritu vivificante y del Dios Triuno procesado y todo-inclusivo. Sus padres se maravillarán al oír todo esto.]

### B. A todos, en todo lugar

[Continúe proclamando a Cristo cada día. Todos los seres humanos necesitan a Cristo, y debemos hablarles acerca de El. Hable de una manera viviente y práctica, conforme a su experiencia.] Hable en la escuela, [en la oficina, durante la hora de descanso, durante el almuerzo; por lo menos debemos hablar cinco minutos cada día, cinco días a la semana, cuatro semanas al mes. Esto le proporciona al menos veinte ocasiones al mes para ministrarles a Cristo.]

[Ciertamente creemos que hoy el Señor es el Espíritu procesado que mora en nosotros y sobre nosotros; no importa si lo percibimos o no. Creemos que mientras le servimos y hablamos por El, especialmente al proclamarlo, El está con nosotros. Tenemos Su presencia en nosotros como unción. A través de la oración, la Palabra y el Espíritu, podemos tener el verdadero poder e impacto.] Si somos fieles en hablar de esta manera, seguramente muchos de nuestros queridos amigos y parientes serán traídos al Señor.

## RESUMEN

Dios desea que los creyentes sean personas que proclamen a Cristo, que constantemente hablen acerca de El, que sean testigos de Aquel en quien han creído. Para esto, necesitamos al Espíritu. El Espíritu mora en los creyentes y permanece sobre ellos, así que, lo que tienen que hacer es ejercitar el espíritu. Esto se logra por medio de la oración. De esta manera, el Espíritu se convierte en el poder y denuedo con los cuales predicamos el evangelio. El contenido de lo que hablemos debe ser la Palabra viva y rica. Aun los santos jóvenes pueden predicar con poder e impacto, si confían en la oración, la Palabra y el Espíritu.

## Preguntas

1. ¿Qué significa ser un testigo?
2. ¿En qué consiste el poder y el denuedo al proclamar a Cristo? ¿Cómo recibimos tal poder y denuedo?
3. ¿Cuáles son los tres elementos en los que confiamos para predicar el evangelio con poder e impacto?

## Citas tomadas de las publicaciones de Lee y LSM

1. *The Up-to-date Move of the Lord* [El mover actual del Señor], pág. 53.
2. *The Divine Speaking* [El hablar divino], pág. 19.
3. The Up-to-date Move of the Lord, págs. 52, 53, 59.
4. *Life-study of First Thessalonians* [Estudio-vida de 1 Tesalonicenses], págs. 12-13.
5. *Life-study of Acts* [Estudio-vida de Hechos], pág. 429.
6. The Up-to-date Move of the Lord, págs, 73-74, 78, 75.
7. Life-study of Acts, pág. 430.
8. The Divine Speaking, págs. 25-26.
9. Life-study of Acts, pág. 428.

Lección doce

# EL ESPIRITU Y LA PALABRA

**Lectura bíblica**

Jn. 6:63; 2 Ti. 3:16; Ef. 6:17-18; 5:18-19; Col. 3:16; Hch. 6:7; 12:24; 19:20; 8:1, 4; 4:31

**Bosquejo**

I. Recibir al Espíritu a través de la Palabra
II. Dos extremos
   A. Los que hacen hincapié en las doctrinas: los fundamentalistas
   B. Los que hacen hincapié en los dones: los pentecosteses
III. El Espíritu está corporificado en la Palabra
   A. Las palabras habladas son la corporificación del Espíritu vivificante
   B. Las Escrituras son el aliento de Dios
   C. El Espíritu y la Palabra son uno
IV. Experimentar el fuego que hay en la Palabra al orar-leer
V. Ministrar la Palabra por el Espíritu
   A. La palabra crece y se multiplica
   B. La necesidad de ser llenos de la Palabra
   C. El Espíritu por dentro y la Palabra por fuera
VI. La necesidad de tocar al Espíritu en la Palabra diariamente

**Texto**

**I. RECIBIR AL ESPIRITU A TRAVES DE LA PALABRA**

[Hemos visto que el Espíritu Santo es el Dios Triuno que llega a nosotros en Su forma consumada. Cuando el Espíritu Santo llega a nosotros, el Dios Triuno mismo viene a nosotros. Sin embargo, el Espíritu es abstracto y misterioso. Así que, es importante saber que el Espíritu está corporificado en la Palabra. Ahora, si hemos de vivir a Cristo, necesitamos experimentar al Espíritu interiormente, y disfrutar la Palabra exteriormente.]

[En nuestra experiencia cristiana, la Palabra y el Espíritu siempre van juntos. Es absolutamente erróneo decir que recibimos al Espíritu sin tomar la Palabra. Si no tomamos la Palabra, no podemos obtener al Espíritu. Según mi experiencia, yo recibo al Espíritu principalmente a través de la Palabra. Al tener contacto con ella de manera viviente, ésta se convierte en el Espíritu en mi experiencia. Sin embargo, algunos pretenden tomar la Biblia sin tomar al Espíritu. Esto también es incorrecto. Las personas que cultivan flores, necesitan tanto las semillas como la vida que está en ellas; es imposible separarlas. Para obtener la vida, debemos tomar las semillas. Esto muestra la relación que existe entre la Palabra y el Espíritu. Debemos tener ambas. El Señor Jesús es tanto el Espíritu como la Palabra. El no es el Espíritu, separado de la Palabra, ni la Palabra, aparte del Espíritu.]

## II. DOS EXTREMOS

[En cuanto al concepto que los cristianos tienen acerca del Espíritu, existen dos extremos, uno se encuentra entre los que hacen hincapié en las doctrinas, los llamados fundamentalistas, y el otro entre los que ponen énfasis en los dones, los denominados pentecosteses.]

### A. Los que hacen hincapié en las doctrinas: los fundamentalistas

[Debido a que los fundamentalistas tienen temor de experimentar al Espíritu, ellos se preocupan principalmente por la doctrina bíblica. No obstante, tener sólo la doctrina de la Biblia, sin el Espíritu, es como tener un cuerpo sin vida. Hemos visto que el Espíritu está corporificado en la Palabra. Por tanto, podríamos considerar la Palabra como el cuerpo del Espíritu, pues separar al Espíritu de la Palabra es tener un cuerpo sin vida. El Espíritu es el contenido vital de la Biblia. Separada del Espíritu, la Biblia se convierte en letra muerta. Con todo, los creyentes que hacen hincapié en las doctrinas temen hablar de experimentar a Cristo, el Espíritu y la vida interior. Ellos representan un extremo.]

## B. Los que hacen hincapié en los dones: los pentecosteses

[Los pentecosteses representan el otro extremo. Ellos desatienden la Palabra y le dan un excesivo énfasis al Espíritu.] [Su atención se centra absolutamente en su concepto acerca del Espíritu. No se dan cuenta de que sin la Palabra, el Espíritu es vano. Debemos entender que la Palabra precede al Espíritu.]

[No debemos ubicarnos en ningún extremo, sino ser equilibrados y prestar atención al Espíritu así como a la Palabra. Por dentro tenemos al Espíritu, y por fuera tenemos la Palabra, la Biblia.]

### III. EL ESPIRITU ESTA CORPORIFICADO EN LA PALABRA

## A. Las palabras habladas son la corporificación del Espíritu vivificante

Podemos afirmar que el Espíritu y la Palabra son uno porque esto se revela claramente en la Biblia. El Señor Jesús dijo: "Las palabras que Yo os he hablado son espíritu y son vida" (Jn. 6:63). [El Espíritu es viviente y real, pero bastante misterioso, intangible y difícil de entender; por el contrario, las palabras son tangibles. El Señor declaró que a fin de dar vida, El se haría el Espíritu. ["El Espíritu es el que da vida". En Juan 6:63a] El dijo que Sus palabras eran espíritu y vida. Esto quiere decir que las palabras que El habla son la corporificación del Espíritu vivificante. El Señor es ahora el Espíritu vivificante en resurrección, y este Espíritu está corporificado en Sus palabras. Cuando recibimos las palabras del Señor ejercitando nuestro espíritu, recibimos al Espíritu, quien es vida.]

## B. Las Escrituras son el aliento de Dios

[En 2 Timoteo 3:16 dice que la Escritura es dada por el aliento de Dios. Cada palabra de la Biblia es el aliento divino. Hemos indicado que este aliento es el *pnéuma*, el Espíritu. Así que, ya que la Palabra y el Espíritu son el aliento de Dios, éstos son ciertamente uno. Tanto el Espíritu como la Palabra son el aliento de Dios. Además, el aliento de Dios es Su *pnéuma*, el Espíritu. Por un lado, la palabra de Dios es el Espíritu, y por otro, el Espíritu es la Palabra.]

### C. El Espíritu y la Palabra son uno

Efesios 6:17 incluso iguala la Palabra al Espíritu. "Y recibid el yelmo de la salvación, y la espada del Espíritu, el cual es la palabra de Dios". En este versículo el Espíritu y la Palabra son una sola cosa.

[Efesios 5:18-19 dice que cuando nos llenemos del *Espíritu*, cantaremos himnos y cánticos espirituales. Pero Colosenses 3:16 dice que cuando nos llenemos de la *Palabra*, cantaremos himnos y cánticos espirituales. Efesios y Colosenses son "libros gemelos"; siempre van juntos. Efesios dice que cuando somos llenos del Espíritu, cantamos, y Colosenses dice que cuando somos llenos de la Palabra, cantamos. Cuando comparamos estos dos pasajes de la Biblia, nos damos cuenta que el Espíritu es la Palabra y la Palabra es el Espíritu.

### IV. EXPERIMENTAR EL FUEGO QUE HAY EN LA PALABRA AL ORAR-LEER

[Usemos como ejemplo un cerillo. Es cierto que el palito del cerillo está hecho de madera, pero en esencia, el cerillo es el fósforo. Ahora supongamos que quiero encender el cerillo: ¿Qué debo hacer? Por supuesto, debo prenderlo. Pero, ¿cómo lo hago? Si lo froto por el extremo que no tiene el fósforo, puedo frotarlo por la eternidad y nunca se encenderá, pues estaría utilizando la parte incorrecta. La Biblia es el cerillo, y el Señor Jesús, el Espíritu, es el fósforo. El palito de madera puede compararse con las letras, las palabras escritas de la Biblia, las cuales contienen a Cristo como fósforo, quien es la estrella celestial de la mañana. ¿Cómo podemos hacer que el fósforo se encienda y resplandezca? Usando la parte correcta del cerillo, debemos frotar el extremo correcto, que es el Espíritu Santo, en el lugar correcto, nuestro espíritu humano.]

Efesios 6:17-18 dice que debemos recibir "la espada del Espíritu, el cual es la palabra de Dios; con toda oración y petición orando en todo tiempo en el espíritu". [Cuando leemos la Palabra, debemos mezclar nuestra lectura con oración. Mientras ejercitamos nuestros ojos y nuestra mente para leer, debemos también ejercitar nuestro espíritu para tocar al Espíritu. Entonces todo lo que está en la Palabra se convertirá en el suministro abundante del Espíritu en nuestra experiencia.]

[Si no ejercitamos nuestro espíritu al leer la Palabra, fallamos, pues no "frotamos" el "cerillo" en el lugar correcto, en nuestro espíritu. Como resultado, el "fósforo", el Espíritu que está corporificado en la Palabra, no enciende. Si queremos aprovechar el fósforo que está corporificado en el cerillo, es decir, el Espíritu que está en la Palabra, tenemos que ejercitar nuestro espíritu para orar-leer la Palabra. Entonces podremos encender el cerillo correctamente, y experimentar el fuego que está en la Palabra. Podemos testificar que al tomar la Palabra de una manera apropiada, ejercitando nuestro espíritu, experimentamos el fuego divino en nuestro espíritu.]

### V. MINISTRAR LA PALABRA POR EL ESPIRITU

#### A. La Palabra crece y se multiplica

[Hechos dice en tres ocasiones que la palabra crecía y se multiplicaba (Hch. 6:7; 12:24; 19:20); algo que no tiene vida no podría crecer. En realidad, la multiplicación de los discípulos obedece al crecimiento de la palabra. Sin embargo, muchos de los que leen Hechos prestan atención principalmente al Espíritu. Sin duda, el Espíritu es de suma importancia en Hechos. Pero los que recibieron al Espíritu no salieron a predicar el Espíritu; más bien, predicaron la palabra. Muchos versículos de Hechos dicen que lo que fue predicado y enseñado por el primer grupo de creyentes fue la palabra. Los que fueron esparcidos en Hechos 8 salieron a dar las buenas nuevas de la palabra (v. 1). La gente creyó en la palabra, la recibió, y ésta se hizo tan prevaleciente, que creció y se multiplicó.

#### B. La necesidad de ser llenos de la Palabra

[Quiero causar una impresión en ustedes de que la palabra divina es nuestra primordial necesidad, así que debemos ser uno con la palabra, y llenarnos, impregnarnos y estar constituidos de ella. Entonces, cuando ministremos, impartiremos la palabra por el Espíritu. No ministramos al Espíritu por la Palabra, sino la Palabra por el Espíritu. En Hechos 4, mientras los discípulos y los apóstoles oraban, fueron llenos del Espíritu y comenzaron a hablar la palabra con denuedo (v. 31). Ellos no enseñaron ni predicaron el Espíritu; el Espíritu fue sólo el poder con el que predicaran la palabra.]

C. **El Espíritu por dentro y la Palabra por fuera**

En la lección anterior dijimos que para predicar el evangelio requerimos de un rico depósito de la Palabra. Ahora vemos por qué esto es tan crucial. Ciertamente necesitamos el poder del Espíritu, pero es la Palabra la que debemos predicar.

[El Espíritu Santo está en nuestro espíritu, y la palabra santa, la Biblia, en nuestras manos. Estas no deben ser para nosotros dos cosas separadas, sino dos extremos de una misma cosa. El extremo interior, es el Espíritu, y el exterior, la Palabra. Cuando la Palabra entra en nuestro espíritu, se convierte en el Espíritu, y cuando el Espíritu se expresa por nuestra boca, se convierte en la palabra.]

VI. **LA NECESIDAD DE TOCAR AL ESPIRITU EN LA PALABRA DIARIAMENTE**

Es imprescindible que cada día invirtamos tiempo para tocar al Espíritu en la Palabra. Aun si tomamos tan sólo diez minutos para orar-leer un pasaje de la Palabra, recibiremos cierta nutrición. Cuando menos, debemos hacer esto cada mañana, pues ése es el mejor momento. Antes de ir a la escuela o hacer otra cosa, ore, tenga contacto con el Señor, aplique la preciosa sangre, abra la Biblia y reciba al Espíritu a través de la Palabra.

[Como personas salvas y regeneradas, tenemos al Espíritu de Dios en nuestro espíritu. Por lo tanto, cuando ejercitamos nuestro espíritu al orar-leer la Palabra, aplicamos la Palabra a nosotros y la mezclamos con el Espíritu. Inmediatamente, recibimos la suministración abundante del Espíritu.]

¡Alabado sea el Señor! ¡El Espíritu todo-inclusivo, compuesto y vivificante, que mora en nosotros y que se ha intensificado siete veces, está corporificado en la Palabra!

# EL ESPIRITU Y LA PALABRA

Con el tiempo sentirá que pasar diez minutos [en la Palabra] no es suficiente.

## RESUMEN

El Espíritu es abstracto y misterioso, pero la Palabra de Dios es concreta, está en nuestras manos. El Señor Jesús es tanto el Espíritu como la Palabra. Si no tomamos la Palabra, no podemos obtener al Espíritu, porque el Espíritu está corporificado en la Palabra. Si hemos de recibir al Espíritu a través de la Palabra, debemos tomarla ejercitando nuestro espíritu. Aun cuando el Espíritu es el poder con el que predicamos, lo que predicamos es la palabra. Diariamente debemos abrir la Biblia para recibir al Espíritu a través de la Palabra.

### Preguntas

1. Describa los dos extremos en que se ubican los cristianos con relación al Espíritu. ¿Cuál es el equilibrio apropiado?
2. ¿Qué queremos decir cuando afirmamos que el Espíritu está corporificado en la Palabra?
3. Señale tres pasajes de la Escritura que indiquen que el Espíritu y la Palabra son uno. Explique brevemente cada pasaje.
4. ¿Por qué es tan importante ejercitar nuestro espíritu cuando leemos la Biblia?
5. ¿Cómo muestra el libro de Hechos que la Palabra es algo vivo?
6. ¿Por qué necesitamos tanto al Espíritu como la Palabra para predicar el evangelio?

### Citas tomadas de las publicaciones de Lee y LSM

1. *Life-study of Philippians* [Estudio-vida de Filipenses], pág. 338.
2. *Life-study of Ephesians* [Estudio-vida de Efesios], págs. 548-549.
3. Life-study of Philippians, pág. 362.
4. *Fellowship Concerning the Lord's Up-to-date Move, Elders' Training* [Comunion acerca del mover actual del Señor, Adiestramiento para ancianos], libro 5, págs. 41-42.

5. Life-study of Philippians, pág. 309.
6. Estudio-vida de Juan, pág. 214.
7. Life-study of Philippians, pág. 307.
8. *The Stream* [El manantial], vol. 5, núm. 2, 1 de mayo de 1967, pág. 9.
9. Cristo es contrario a la religión, pág. 107.
10. Life-study of Philippians, págs. 319, 399.
11. *Fellowship Concerning the Lord's Up-to-Date Move, Elder's Training* [Comunion acerca del mover actual del Señor, Adiestramiento para ancianos], libro 5, págs. 38-39.
12. Cristo es contrario a la religión, pág. 106.
13. Life-study of Philippians, págs. 310-311.

Lección trece

## EL ESPIRITU HUMANO

### Lectura bíblica

Pr. 20:27; Job 32:8; Zac. 12:1; Mal. 2:15; Ro. 1:9; Gá. 6:18; Ro. 8:16; 1 Co. 2:11; Jn. 4:24; Sal. 51:10; 1 Co. 5:3; Ef. 6:18; 2 Ti. 1:7

### Bosquejo

I. El espíritu humano según se revela en la Escritura
II. El espíritu humano
   A. La morada del Espíritu Santo
   B. El centro estratégico donde se experimenta la vida interior
   C. El órgano receptor
III. Las tres partes del espíritu: la conciencia, la comunión y la intuición
IV. La importancia de la conciencia
   A. Mantener una conciencia despejada
   B. Purificar la conciencia mediante una confesión cabal
V. El resultado de una conciencia purificada

### Texto

Hemos hablado mucho acerca del Espíritu divino, el Espíritu de Dios. Pero la Biblia también habla de otro espíritu: el espíritu humano, el espíritu del hombre.

**I. EL ESPIRITU HUMANO SEGUN SE REVELA EN LA ESCRITURA**

La mayoría de los cristianos no tienen un entendimiento adecuado acerca del espíritu humano. ¡Muchos ni siquiera han escuchado que el hombre posee un espíritu humano! Sin embargo, tanto el Antiguo como el Nuevo Testamento contienen muchos versículos que tratan sobre este tema.

En Proverbios 20:27 dice: "Lámpara de Jehová es el

espíritu del hombre, la cual escudriña lo más profundo del corazón". Job 32:8 afirma que "espíritu hay en el hombre". Salmos 31:5 dice: "En tu mano encomiendo mi espíritu". Todos debemos conocer Zacarías 12:1, donde dice que el Señor "extiende los cielos y funda la tierra, y forma el espíritu del hombre dentro de él". Y en Malaquías 2:15, leemos: "Guardaos, pues, en vuestro espíritu". Además se puede encontrar muchos otros versículos en el Antiguo Testamento que hablan del espíritu del hombre.

En el Nuevo Testamento Pablo a menudo usó la expresión: "mi espíritu" (Ro. 1:9; 1 Co. 14:14; 16:18; 2 Co. 2:13); "vuestro espíritu" (Gá. 6:18; Fil. 4:23; 1 Ts. 5:23; 2 Ti. 4:22); y "nuestro espíritu" (Ro. 8:16). En 1 Corintios 2:11 se habla del "espíritu del hombre". Está claro que el espíritu mencionado en todos estos versículos no se refiere al Espíritu divino, sino al espíritu humano, es decir, a nuestro espíritu.

## II. EL ESPIRITU HUMANO

### A. La morada del Espíritu Santo

[¿Por qué recalcamos la diferencia entre el Espíritu Santo y el espíritu humano? Porque nuestro mayor problema es que no conocemos al Espíritu que mora en nosotros, y que no nos damos cuenta de que nuestro espíritu es la morada del Espíritu Santo. Tampoco hemos visto que estos dos espíritus se mezclan como uno solo. ¡Es lamentable que no sepamos esto! Este es el objetivo de la economía de Dios, y muchos cristianos lo ignoran, errando así al blanco. Es como una casa a la cual no tenemos acceso porque hemos perdido la llave. Unicamente la llave puede abrirnos la casa a fin de disfrutar de todo lo que en ella hay. Por siglos el enemigo ha escondido de nosotros la llave. ¿Cuál es esta llave? Es saber que *nuestro espíritu humano es la morada* del Espíritu Santo, y que nuestro espíritu se ha hecho uno con el maravilloso Espíritu Santo.]

### B. El centro estratégico donde se experimenta la vida interior

[El espíritu humano es el centro estratégico donde se experimenta la vida interior. Todos debemos conocer nuestro

# EL ESPIRITU HUMANO

espíritu humano. Es ahí donde nacimos de nuevo y donde hemos de adorar a Dios. "Dios es Espíritu; y los que le adoran, en espíritu y con veracidad es necesario que adoren" (Jn. 4:24); esto no se refiere al Espíritu Santo, sino a nuestro espíritu humano. En nuestro espíritu humano regenerado adoramos a Dios, le servimos, tenemos comunión con los demás creyentes, y crecemos en vida. Además, es allí donde experimentamos la vida de iglesia.]

### C. El órgano receptor

[El hombre puede compararse con un radio. El Espíritu Santo es como las ondas de radio celestiales, y el espíritu humano, como el radio receptor. El receptor es nuestro espíritu. Dios ya ha hecho Su parte y ahora nosotros debemos hacer la nuestra, cuidar de nuestro espíritu. Debemos cooperar con Dios preparando este órgano apropiado para recibir lo que Dios es, lo que ha hecho y lo que hará. No es necesario que cuidemos del Espíritu Santo; Dios ya se encargó de eso. Simplemente debemos hacer nuestra parte, cuidar de nuestro espíritu humano.]

### III. LAS TRES PARTES DEL ESPIRITU: LA CONCIENCIA, LA COMUNION Y LA INTUICION

Ahora veamos algo sobre la composición del espíritu humano. [El espíritu es una entidad completa, compuesta de tres elementos o funciones: la conciencia, la comunión y la intuición. El área sombreada en el siguiente diagrama muestra las partes del espíritu.]

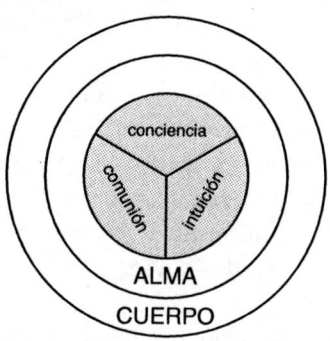

[La *conciencia* se menciona en Romanos 9:1: "Mi conciencia da testimonio conmigo en el Espíritu Santo". Al unir 9:1 con 8:16, podemos ver que la conciencia está localizada en el espíritu humano. Por un lado, el Espíritu Santo da testimonio con nuestro espíritu. Por otro, nuestra conciencia da testimonio con el Espíritu Santo. Esto implica que la conciencia debe ser una función de nuestro espíritu.]

[Es fácil conocer la *conciencia*; todos estamos familiarizados con ella. Una de las funciones de la conciencia es percibir lo correcto y lo incorrecto (Sal. 51:10; 34:18). Condenar o justificar es otra de sus funciones (1 Co. 5:3). También es fácil saber lo que es la *comunión*. La comunión se refiere a nuestra relación con Dios (Jn. 4:24; Ro. 1:9). En nuestro espíritu, tal función hace posible que tengamos contacto con Dios (Ef. 6:18; Lc. 1:47; 1 Co. 6:17). En otras palabras, tener comunión es tocar a Dios. Conocer la intuición, sin embargo, no es tan fácil. La intuición habla de un sentir o conocimiento interno (Mr. 2:8). Este sentir proviene de nuestro espíritu, sin necesidad de analizar las razones, circunstancias o trasfondo. Es un sentir interior donde no interviene la razón, un sentir que no es "razonable" (1 Co. 2:11). Este es un sentir directo que proviene de Dios, un conocimiento directo que viene de El. Esta función es a lo que llamamos la intuición del espíritu. Por lo tanto, el espíritu incluye las funciones de la conciencia, la comunión y la intuición.]

## IV. LA IMPORTANCIA DE LA CONCIENCIA

### A. Mantener una conciencia despejada

La conciencia es la parte que rige nuestro espíritu. [Si no tenemos limpia nuestra conciencia, se interrumpe la comunión, y cuando se interrumpe la comunión, la intuición no funciona. Por lo tanto, es crucial la forma en que cuidamos de la conciencia. Una conciencia despejada nos introduce en la presencia del Señor y permite que tengamos una comunión viva con El. Esta comunión hace posible que nuestro espíritu perciba la voluntad de Dios directamente; ésta es la función de la intuición.]

[De todas las criaturas de Dios, únicamente los seres

humanos tenemos conciencia. Esta es la parte interna que nos acusa o justifica (cfr. Ro. 2:15). Cuando purificamos nuestra conciencia, tratamos con nuestro espíritu y nuestro corazón. Si nunca hemos limpiado nuestra conciencia, no podemos ser útiles al Señor. Un radio tiene un pequeño receptor, sin el cual no funciona. La cubierta del radio puede estar rota, pero éste seguirá funcionando, en tanto que el receptor esté operando. Lo mismo puede aplicarse a nuestra conciencia; ésta debe mantenerse funcionando adecuadamente. Cuando recibimos el evangelio, el Señor requirió que confesáramos nuestros pecados. Confesar nuestros pecados limpia nuestra conciencia. Sin un arrepentimiento y una confesión de nuestros pecados, no podríamos ser salvos. El Espíritu de Dios no podría entrar en nosotros. Una vez que nos arrepentimos y confesamos, el Espíritu entra en nuestro ser. Mientras más cabal sea la confesión, más se infunde el Espíritu en nuestro interior.]

### B. Purificar la conciencia mediante una confesión cabal

[Necesitamos acudir al Señor para purificar nuestra conciencia. Tal vez usted sienta que sólo tiene algo pequeño e insignificante que confesar. Pero si lo confiesa, esta confesión será un pequeño inicio que lo encausará a esa senda, y enseguida descubrirá que necesita mucho tiempo para completar su confesión.

Tan pronto como decida acudir al Señor de esta manera, tal vez sonará el teléfono. Si contesta la llamada, le será difícil regresar a la esfera de la confesión. Una vez que ha confesado dos cosas más, tal vez suene el teléfono de nuevo, probablemente sea un número equivocado esta vez. Esta es la obra del sutil enemigo. Es mejor que se aleje del teléfono y de todas las demás interrupciones, o incluso que descuelgue el teléfono. Si comparte la habitación con alguien, debe encontrar un lugar donde nadie lo interrumpa.

Una vez que se presenta delante del Señor y abre su ser a Él, ya sea de rodillas o sentado, descubrirá que la senda de la confesión tiene muchos kilómetros. Tal vez necesite horas para confesar todas sus faltas, debilidades, perversidades, inmundicia y toda obra carnal. Cuando comienza a limpiar su casa, quizás piensa que terminará en quince minutos. Pero una vez que comienza, encontrará basura y polvo por todas partes, por todos los rincones. Usted es como su casa. En cada rincón de su ser, en cada habitación, en cada estante, hay polvo. Sus ojos han sido contaminados por tantas cosas pecaminosas que han visto. Sus oídos se han ensuciado con los chismes. Y su boca también necesita ser limpiada de los chismes que ha divulgado.]

## V. EL RESULTADO DE UNA CONCIENCIA PURIFICADA

[Después de realizar tal confesión, no querrá ni regresar a su casa. Tendrá temor de escuchar más chismes. Se requiere un gran esfuerzo para limpiar una ventana llena de grasa. Por tanto, una vez que la limpia, tratará de mantenerla limpia. Esta es la manera de mantener libre el acceso para que Cristo entre en nosotros. Este acceso, nuestra conciencia purificada, nos preservará de todo chisme ... Una vez que hayamos purificado nuestra conciencia, reconoceremos que somos pobres en espíritu. No pensaremos más que lo sabemos todo. Seremos humildes y estaremos hambrientos por tener una verdadera experiencia con el Señor. Si somos orgullosos, nuestro espíritu no está abierto al Señor y El no tiene libertad de habitar en todo nuestro ser. Pero la purificación de nuestra conciencia, produce un espíritu abierto.]

Además, [nuestra mente se volverá aguda, y su discernimiento claro. Nadie ni nada podrá engañarnos. Esto es a lo que la Escritura llama una mente sobria o un sano juicio (2 Ti. 1:7). Siempre que escuchemos un mensaje, nuestra mente tendrá la agudeza para captar y confirmar lo que se dice.

Una conciencia purificada afectará también nuestra parte emotiva. Antes de confesar cabalmente nuestros fracasos y debilidades, nuestras emociones eran tibias.] Si nuestra parte afectiva fuese fría, iríamos a lugares de entretenimiento en lugar de asistir a las reuniones. [Pero una vez que hacemos una confesión cabal, nuestras emociones tibias se encenderán, y declararemos: "¡Señor Jesús, te amo! ¡Estoy ferviente por Ti!"

Nuestra voluntad también cambiará, de una voluntad obstinada, a una sumisa. Entonces disfrutará la obediencia (cfr.

Fil. 2:12). Estará dispuesto a obedecer en cualquier cosa, grande o pequeña.

Una conciencia purificada, un espíritu abierto, un corazón puro, una mente sobria, una parte emotiva que ama y una voluntad sumisa, harán posible que disfrutemos un fluir rico del Señor en todo nuestro ser, y entonces permaneceremos en El, y El en nosotros. Así permitimos que el Señor se imparta a nosotros continuamente. La clave es efectuar una confesión exhaustiva.]

**RESUMEN**

La Biblia le da gran importancia al espíritu humano, porque éste es la clave para experimentar el Espíritu divino. Nuestro espíritu es la morada del Espíritu Santo y el órgano por el cual recibimos al Espíritu de Dios. Nuestro espíritu tiene tres partes: la conciencia, la comunión y la intuición. Debido a que la conciencia es la parte principal del espíritu, debemos mantenerla limpia mediante la confesión. Una conciencia pura ayuda a que las otras partes de nuestro ser interior funcionen debidamente y permiten que el Señor fluya en nosotros de manera continua.

**Preguntas**

1. Mencione tres versículos del Antiguo y del Nuevo Testamento que utilicen la frase "el espíritu del hombre".
2. ¿Por qué es importante conocer el espíritu humano?
3. ¿Cuáles son las tres partes del espíritu? ¿Y cuál es la función de cada una?
4. ¿Cuál es el resultado de una conciencia despejada?
5. Explique lo que significa "purificar la conciencia".

**Citas tomadas de las publicaciones de Lee y LSM**

1. La economía de Dios, págs. 38-39.
2. Nuestro espíritu humano, págs. 21, 39-40.
3. La economía de Dios, págs. 62-63, 85.
4. *Life Messages* [Mensajes de vida], págs. 37-40.

Lección catorce

# LA DIFERENCIA ENTRE EL ESPIRITU Y EL ALMA

**Lectura bíblica**

1 Co. 2:14-15; 1 Ts. 5:23; Gn. 2:7; Pr. 20:27; He. 4:12; 2 Co. 7:1; Ef. 2:1, 5; He. 9:14; 2 Ti. 4:22; Gá. 2:20

**Bosquejo**

I. El alma es diferente del espíritu
  A. El espíritu, el alma y el cuerpo
  B. Las coyunturas y los tuétanos
  C. La tricotomía y la dicotomía
II. Las partes del hombre
  A. En la creación
  B. Después de la caída
  C. En la salvación
III. El espíritu es nuestra nueva persona

**Texto**

[Dios creó nuestro espíritu para que fuera el órgano con el cual lo recibimos a El. No debemos confundir nuestro espíritu con ningún otro órgano. Suponga que un doctor piensa que el estómago, el corazón, el hígado y los riñones tienen la misma función. ¡Qué clase de doctor sería éste!]

[Si deseamos crecer en vida, debemos saber que el espíritu y el alma son dos entidades diferentes; debemos ser capaces de discernir el espíritu y el alma; y qué es espiritual y qué es anímico. Si podemos distinguir el espíritu y el alma, podremos negar el alma, ser liberados de ella y vivir por el espíritu delante de Dios.]

## I. EL ALMA ES DIFERENTE DEL ESPIRITU

[Si hemos de conocer nuestro espíritu humano, debemos conocer la diferencia entre el espíritu y el alma. El pasaje más importante que muestra esta diferencia es 1 Corintios 2:14-15, que dice: "Pero el hombre anímico no acepta las cosas que son del Espíritu de Dios, porque para él son necedad, y no las puede entender, porque se han de discernir espiritualmente. En cambio el hombre espiritual juzga todas las cosas; pero él no es juzgado por nadie".

El versículo 14 dice claramente que el hombre anímico no acepta las cosas que son del Espíritu de Dios; no es capaz de conocerlas. Por ende, es imposible que el hombre anímico conozca a Dios. Pero el versículo declara que el espíritu, el espíritu humano, si lo conoce. El hombre anímico no puede conocer a Dios, pero el hombre espiritual tiene la capacidad de conocerlo. Estos dos versículos muestran la diferencia entre el alma y el espíritu. Si usted es un hombre dirigido por el alma, no tiene la capacidad de conocer a Dios; pero si es un hombre asiduo al espíritu, ciertamente conoce las cosas de Dios. Sin embargo, muchos cristianos hoy insisten en que el espíritu y el alma son términos sinónimos. Pero 1 Corintios 2:14-15 indica que no podemos conocer a Dios por medio del alma, pero con el espíritu somos plenamente capaces de conocerlo.]

## A. El espíritu, el alma y el cuerpo

[En segundo lugar, veremos 1 Tesalonicenses 5:23. Debemos abrir nuestro ser a la Palabra y leerla. No escuche ninguna opinión humana, ninguna palabra del hombre. Vuélvase a la Palabra de Dios, y léala: "Y el mismo Dios de paz os santifique por completo; y vuestro espíritu y vuestra alma y vuestro cuerpo, sean guardados perfectos e irreprensibles para la venida de nuestro Señor Jesucristo". Este versículo dice claramente que tenemos tres partes; el espíritu, el alma y el cuerpo. Dos conjunciones conectan tres entidades. No existe ninguna base bíblica para decir que el espíritu es lo mismo que el alma.]

[En Génesis 2:7: "Jehová Dios formó al hombre del polvo de la tierra, y sopló en su nariz aliento de vida, y fue el hombre un ser viviente". Aun en este versículo vemos claramente que el hombre está formado de tres partes. Primero, Dios utilizó el polvo de la tierra para formar el cuerpo físico del hombre. Luego, con Su aliento formó el espíritu del hombre. El aliento de vida entró en el hombre y se formó su espíritu. El espíritu del hombre se menciona también en Proverbios 20:27. En hebreo, "espíritu" y "aliento" son la misma palabra. Esto indica que el aliento infundido en el hombre formó su espíritu humano. Cuando estas dos partes, el cuerpo y el espíritu, se unieron, originaron la tercera parte, el alma viviente.]

### B. Las coyunturas y los tuétanos

[Hebreos 4:12 dice: "Porque la palabra de Dios es viva y eficaz, y más cortante que toda espada de dos filos; y penetra hasta partir el alma y el espíritu, las coyunturas y los tuétanos, y discierne los pensamientos y las intenciones del corazón". La palabra divide el espíritu y alma, así como una espada divide el tuétano y la coyuntura, o sea, los huesos. El tuétano no es lo mismo que los huesos. El tuétano se halla dentro de los huesos, de las coyunturas. Bajo este mismo principio, el espíritu se encuentra dentro del alma. Es fácil ver los huesos, pero no es tan fácil llegar al tuétano. Para esto, se tiene que romper el hueso. De manera similar, el espíritu está cubierto por el alma, pero es completamente diferente de ésta.]

### C. La tricotomía y la dicotomía

[Las Escrituras enseñan que el hombre es tripartito (1 Ts. 5:23). Sin embargo, han surgido dos líneas teológicas con respecto a este asunto. Una de ellas cree, como enseña la Biblia, que el hombre es una tricotomía; es decir, que está compuesto de tres partes: espíritu, alma y cuerpo. La otra línea de pensamiento sostiene que el hombre es una dicotomía; esto es, que tiene una parte externa: el cuerpo, y una interna: el espíritu o alma. Según esta última, el espíritu, el alma y el corazón son considerados sinónimos.] Debemos abandonar la enseñanza humana de la dicotomía y volver a la Palabra pura de Dios.

Veamos ahora las partes del hombre y su condición en el momento de la creación, después de la caída y en la salvación. Esto nos ayudará a entender la posición de nuestra alma en relación con nuestro espíritu.

## II. LAS PARTES DEL HOMBRE

### A. En la creación

[El hombre fue creado un alma viviente que tenía dos órganos: el cuerpo, su órgano externo y el espíritu, su órgano interno. El cuerpo del hombre, el órgano exterior, fue creado para tener contacto con el mundo físico. El espíritu, el órgano interior, tiene contacto con el mundo espiritual. Nuestro cuerpo físico fue formado del polvo, pero nuestro espíritu fue creado por el aliento de vida; por ende, no es físico, sino espiritual. La vida humana no se encuentra en el cuerpo ni en el espíritu, sino en el alma, pues el alma es la persona misma. Por consiguiente, según fue creado, el hombre era un alma viviente, un ser humano, que tenía dos órganos: el cuerpo y el espíritu.]

### B. Después de la caída

[Poco después de que Dios creó al hombre, éste cayó. Cuando el hombre comió del fruto del árbol del conocimiento del bien y el mal, Satanás entró en el cuerpo del hombre a través del fruto de aquel árbol (Gn. 3:6), pues como sabemos, el fruto entró en el cuerpo del hombre.] [Cuando Satanás entró en el cuerpo del hombre, lo utilizó como base de operaciones para apoderarse también de su alma. El hombre, como ser humano o alma, cayó bajo la influencia y el control de la carne. Por consecuencia, el alma fue dañada y se convirtió en el *yo*. Cuando el cuerpo del hombre se convirtió en la carne, ésta lo dañó, lo afectó y lo hizo cautivo del alma. Por tanto, el alma se convirtió en el yo. En el capítulo dos] del libro *The Parts of Man* {Las partes del hombre} vimos que Lucas 9:25 y Mateo 16:26 demuestran que el alma de los seres humanos caídos es el yo.]

[Ahora veamos en qué condición quedó el espíritu del hombre como resultado de la caída. Aunque la Biblia muestra claramente que Satanás se infiltró en el cuerpo del hombre y lo usó como base para mezclarse con el alma, las Escrituras no dan ningún indicio de que Satanás haya entrado al espíritu del hombre. Esto es muy interesante. No existe ningún versículo que muestre que Satanás tenga control alguno del

## LA DIFERENCIA ENTRE EL ESPIRITU Y EL ALMA

espíritu del hombre. Pareciera que Dios trazó una línea divisoria que le marcó un alto a Satanás. El tiene acceso al cuerpo y al alma del hombre, pero no a su espíritu.]
  [Hay un solo versículo en la Escritura que dice que el espíritu del hombre fue contaminado. En 2 Corintios 7:1 se habla de la contaminación de carne y espíritu. Efesios 2:1 y Colosenses 2:13 declaran que estábamos muertos en delitos y pecados. Esto no significa que nuestro cuerpo y nuestra alma estuvieran muertos, ¡pues el hecho demuestra que nuestro cuerpo sigue vivo y nuestra alma está excesivamente activa! Por lo tanto, eso debe significar que estábamos muertos en nuestro espíritu. El espíritu del hombre caído fue contaminado y cayó en una condición de muerte, pero nunca fue capturado por Satanás.]

### C. En la salvación

  [Cuando recibimos al Señor Jesús como nuestro Salvador personal, creímos en El como Aquel que murió por nuestros pecados, y de esta manera, obtuvimos el perdón. En ese momento fuimos justificados y reconciliados con Dios por medio de Su muerte (Ro. 5:10). Ser reconciliados significa que todos los problemas entre nosotros y Dios quedan resueltos. Más aún, nosotros los que estábamos en una condición de muerte en nuestro espíritu fuimos avivados y vivificados en el espíritu (Ef. 2:5). Por medio de la sangre redentora de Cristo, la conciencia de nuestro espíritu y de nuestro corazón fue limpiada (He. 9:14; 10:22). Toda inmundicia fue purificada. Pero aconteció algo aún más maravilloso: ¡Cristo, el Señor Espíritu, entró en nuestro espíritu como vida y vivificó nuestro espíritu! Cuando El entró en nuestro espíritu, recibimos otra vida, la vida de Dios, y fuimos regenerados (Jn. 3:6). Cristo, como el Espíritu vivificante y todo-inclusivo (1 Co. 15:45), está ahora en nuestro espíritu (2 Ti. 4:22), no en nuestra alma.]

### III. EL ESPIRITU ES NUESTRA NUEVA PERSONA

  [Con frecuencia, los creyentes no entendemos claramente este asunto debido a la poca revelación que hemos recibido. Por ejemplo, muchas veces decimos que vivimos por el espíritu. Pero si el espíritu sigue siendo un órgano y no un hombre con vida, ¿cómo podemos vivir por este órgano? Cuando decimos que vivimos por nuestro espíritu, debemos entender que esto significa que ahora nuestro espíritu es un ser con vida. Nuestro espíritu tiene vida, y esta vida es Cristo mismo. Por eso Gálatas 2:20 dice: "Ya no vivo yo, mas vive Cristo en mí". Este versículo no dice: "Mi vida cesó, y la vida de Cristo vive en mí"; no se refiere a una vida, sino a una persona. Esta persona anteriormente era el "yo", pero ahora es Cristo, la nueva persona que vive en mí. En mi alma yo era la persona que vivía, pero ahora, en mi espíritu, la nueva persona es Cristo.

Ahora Cristo mora en nuestro espíritu, pero todavía tenemos dos órganos: el cuerpo y el alma. Anteriormente los dos órganos eran el cuerpo y el espíritu; mas ahora el segundo órgano ya no es el espíritu, sino el alma. Nuestra personalidad era nuestra alma, y nuestro espíritu era simplemente un órgano. Pero ahora nuestro espíritu ha llegado a ser nuestra personalidad, y nuestra alma pasó a ser un órgano. Es por eso que podemos vivir y andar por nuestro espíritu. Nuestro espíritu ya no es un simple órgano de nuestro ser, sino que en él ahora tenemos la vida, que es Cristo mismo. Cristo, quien es la vida de nuestro espíritu, hace de él un nuevo ser con una nueva personalidad. Este nuevo ser es llamado "el hombre interior". Este hombre interior necesita ser fortalecido, lleno de poder. ¡Todos debemos ver esto! ¡Es crucial! Fui un cristiano por más de cuarenta años antes de descubrir esta verdad. Hace aproximadamente diez años que empecé a ver que antes de ser salvos, nuestro espíritu humano era un simple órgano, pero que ahora es un hombre. Un día el Señor me mostró esto y me dijo: "Mira, ahora tu personalidad no reside en tu alma, sino en tu espíritu. La personalidad de tu alma ha sido crucificada, ha muerto". Cuando decimos que nuestra alma ha sido crucificada y que debemos negarla, no queremos decir que las funciones del órgano del alma hayan sido crucificadas, o que deben ser negadas. Las funciones del alma todavía están presentes, pues hoy el alma es un simple órgano. Lo que fue crucificado es nuestro ser, nuestra personalidad. Por lo tanto, ahora tenemos un nuevo ser, una nueva

# LA DIFERENCIA ENTRE EL ESPIRITU Y EL ALMA

personalidad, en nuestro espíritu. Esta nueva personalidad es Cristo mismo. Puesto que la vida divina está en nuestro espíritu, nuestro espíritu es el nuevo hombre, el hombre interior. ¡Cuán maravilloso es esto! Podemos vivir y andar por el nuevo hombre. Si entendemos esta verdad, experimentaremos un gran cambio.]

## RESUMEN

El espíritu y el alma son dos entidades diferente; el espíritu se encuentra dentro del alma. En la creación, el hombre llegó a ser un alma con dos órganos: el cuerpo y el espíritu. Después de la caída, el cuerpo del hombre se convirtió en la carne, su alma vino a ser el yo, y su espíritu quedó en una condición de muerte. En la salvación, el Señor entró en nuestro espíritu y lo vivificó. En ese entonces nuestra alma era nuestra personalidad, y nuestro espíritu era simplemente un órgano. Pero ahora, nuestro espíritu es nuestra personalidad, y nuestra alma pasó a ser un órgano. Esta nueva personalidad, que está en nuestro espíritu, es Cristo mismo, la vida divina.

## Preguntas

1. ¿Cuál es el pasaje bíblico más importante que muestra la diferencia entre el espíritu y el alma?
2. Explique cómo podemos ver las tres partes del hombre en Génesis 2:7.
3. Defina las enseñanzas de la tricotomía y la dicotomía. ¿Cuál de ellas enseña la Biblia?
4. Describa las partes del hombre en la creación, después de la caída, y en la salvación.
5. Explique brevemente qué significa el hecho de que el espíritu regenerado sea nuestra nueva persona.

## Citas tomadas de las publicaciones de Lee y LSM

1. *The Mending Ministry of John* [El ministerio de Juan, un ministerio que restaura], pág. 85.
2. El conocimiento de la vida, pág. 81.
3. Nuestro espíritu humano, págs. 57-58.
4. *The Mending Ministry of John*, pág. 84.

5. Nuestro espíritu humano, pág. 59.
6. *The Completing Ministry of Paul* [El ministerio de Pablo, un ministerio que completa la revelación divina], pág. 67.
7. *The Parts of Man* [Las partes del hombre], págs. 38-43.
8. *The Spirit and the Body* [El Espíritu y el Cuerpo], págs. 95-96.

Lección quince

# RENUNCIAR AL ALMA Y VOLVERSE AL ESPIRITU

**Lectura bíblica**

He. 4:12; Ro. 8:4; Mt. 10:38-39; 16:24-26; 2 Co. 11:2; Gá. 2:20; Hch. 20:19, 31; Sal. 139:17-18a

**Bosquejo**

I. Renunciar al alma
   A. Renunciar a la mente, parte emotiva y voluntad
   B. La práctica de negarse al yo
   C. La vida del alma y sus facultades
   D. Abandonar la vida natural
II. La mente, la parte emotiva y la voluntad son renovadas y elevadas
   A. Un entendimiento elevado
   B. Una parte emotiva espiritual
   C. Una voluntad firme y renovada
   D. Facultades que expresan al Señor
III. Una vida que renuncia al alma y se vuelve al espíritu
   A. Tomar al Señor como nuestra vida
   B. Bajo el control del espíritu

**Texto**

En la lección anterior vimos que el espíritu y el alma son dos órganos diferentes. Hebreos 4:12 dice que la palabra de Dios es viva y más cortante que toda espada de dos filos, y penetra hasta partir el alma y el espíritu. Este versículo no sólo muestra que el espíritu y el alma son distintos, sino que también es necesario que el espíritu sea dividido del alma. Debemos renunciar a nuestra alma, a fin de ceder el control a nuestro espíritu.

**I. RENUNCIAR AL ALMA**

[La enseñanza del Nuevo Testamento, especialmente en los evangelios, dice que siempre tenemos que renunciar nuestra alma, o sea perder el alma; pero nunca dice que debemos renunciar al espíritu. En las epístolas leemos que debemos andar conforme al espíritu, vivir en el espíritu y conducirnos por el espíritu. Los evangelios hablan acerca de renunciar a nuestra alma; luego, en las epístolas, se habla de andar conforme al espíritu (Ro. 8:4). El Nuevo Testamento nunca dice que andemos, vivamos y actuemos en el alma.

En Mateo 10:38-39 dice: "Y el que no toma su cruz y sigue en pos de Mí, no es digno de Mí. El que halla la vida de su alma (la palabra aquí en griego es *psujé*, que significa alma), la perderá; y el que la pierde por causa de Mí, la hallará". Luego, Mateo 16:24-26 dice: "Entonces Jesús dijo a Sus discípulos: Si alguno quiere venir en pos de Mí, niéguese a sí mismo, y tome su cruz, y sígame. Porque el que quiera salvar la vida de su alma, la perderá; y el que la pierda por causa de Mí, la hallará. Porque ¿qué aprovechará al hombre, si gana todo el mundo, y pierde la vida de su alma? ¿O qué dará el hombre a cambio de la vida de su alma?" Esto implica que el alma debe ser negada o rechazada.]

[En los cuatro evangelios, el Señor dice reiteradas veces que tenemos que perder el alma, esto es, renunciar al alma [Mr. 8:35-36; Lc. 9:24-25; Jn. 12:25]; pero no encontramos ni una sola palabra que afirme que debemos perder el espíritu o renunciar al espíritu. Por el contrario, las epístolas nos instan a andar conforme al espíritu, actuar y orar en el espíritu (Ro. 8:4; Ro. 1:9; Ef. 6:18). En las enseñanzas de los evangelios se nos requiere renunciar al alma, perderla; mientras que las epístolas nos enseñan que debemos atender el espíritu, andar en espíritu, conducirnos por el espíritu y orar en el espíritu. Así que, existe una gran diferencia entre el alma y el espíritu.]

### A. Renunciar a la mente, parte emotiva y voluntad

[El alma se compone de tres partes: la mente, la parte emotiva y la voluntad (véase *La economía de Dios*, págs. 58-62). Si usted renuncia a su mente, a su parte emotiva y a su voluntad, no le quedará nada más que el espíritu. El yo habrá sido descartado. Hacer a un lado a nuestra mente natural, parte emotiva y voluntad, simplemente quiere decir desechar nuestro propio yo. Negarnos a nosotros mismos es renunciar a nuestros pensamientos, opiniones, ideas, conceptos, amor, deseos, voluntad, decisiones, y a nuestras preferencias. Renunciar a todo esto equivale a negarse al yo.] [Al renunciar al yo, sólo nos queda el espíritu. Si renunciamos la parte emotiva, la mente y la voluntad, el espíritu tendrá libertad completa de operar en nosotros.]

**B. La práctica de negarse al yo**

[Si renunciáramos a nuestros pensamientos naturales, el espíritu se elevaría. Debido a que permanecemos tanto tiempo en el alma: la mente, parte emotiva y la voluntad, nuestro espíritu humano no tiene oportunidad ni base para actuar. Debemos ejercitarnos continuamente y renunciar a nuestra mente, parte emotiva y voluntad. Cuando amo mucho a cierto hermano, eso puede ser amor natural. Pero si renuncio a ese amor, mi espíritu tendrá la oportunidad de expresar al Señor. Si renuncio a algo que viene de mi alma, mi espíritu podrá expresar algo del Señor. A esto se debe que el Señor nos dice que debemos negarnos a nosotros mismos. Tenemos que renunciar al alma, o sea, perderla, porque nosotros, como personas regeneradas, poseemos otra parte, una parte más profunda: nuestro espíritu, el cual ha sido avivado y regenerado por el Espíritu Santo de Dios, quien mora en nuestro espíritu. Así que, tenemos este órgano maravilloso en nuestro ser, una órgano espiritual y viviente; sin embargo, no lo conocemos bien, ni le damos la oportunidad de operar en nosotros.

Si usted se disgusta con cierto hermano, esto obedece simplemente a que usted está en el yo. Si se niega a sí mismo, amará a dicho hermano. Sin embargo, puede ser que ame mucho a cierto hermano, simplemente porque usted está en la parte emotiva, en su alma. Si renunciara a sus emociones, a su yo, su amor hacia ese hermano sería trasladado del alma al espíritu. Como cristianos, la lección que debemos aprender hoy para experimentar la vida, es renunciar al alma. El alma es el yo, y consiste de tres elementos: la mente, la parte emotiva y la voluntad. Renunciar al alma simplemente quiere decir renunciar a nuestra mente, a nuestra parte emotiva y a nuestra voluntad.]

## C. La vida del alma y sus facultades

[Tal vez pensemos que si renunciamos al alma, no podríamos vivir. Pero debemos darnos cuenta de que existe una diferencia entre la vida del alma y las facultades del alma; la vida del alma es una cosa y las facultades del alma son otra. El siguiente ejemplo puede ayudarnos a entender esta diferencia. Conocí un matrimonio en China, en el cual el hermano era muy espiritual, y la hermana, como esposa, era muy sumisa. Cada vez que alguien iba a su casa o se encontraba con ellos, tenía la sensación de que el esposo era la vida de la esposa. Ciertamente la esposa tenía su propia vida, pero había renunciado a ella y había adoptado la vida de su esposo. Ella nunca decía nada por sí misma. Siempre hablaba conforme a lo que su esposo pensaba. Si usted le preguntaba: "Hermana, ¿a usted le gusta este piano?" Ella contestaba: "A mi esposo le gusta". Si le preguntaba: "¿Le gusta el salón de reuniones?" Ella respondía: "Mi esposo dice que es maravilloso". Para ella todo era "mi esposo, mi esposo", a pesar de que ella era la que hablaba. Ella renunció a su propia vida, y tomó la de su esposo; sin embargo, ella aún usaba las facultades de su alma.

El sentir de nosotros los hermanos era que aquella hermana era maravillosa porque tomó a su esposo como vida. Ella perdió su propia vida, renunció a ella, pero seguía usando sus facultades. Ella usaba su mente, parte emotiva y voluntad, aunque había renunciado a su propia vida y tomado otra vida como suya.]

## D. Abandonar la vida natural

[La vida natural, la vida del alma, fue crucificada en la cruz (Gá. 2:20). Ahora nosotros tenemos que tomar al Señor como nuestra vida. Debemos renunciar a nuestra vida natural, es decir, a la vida del alma, y tomar al Señor en el espíritu como nuestra vida. Sin embargo, esto no quiere decir que debamos renunciar a las facultades de nuestra alma, sino sólo a la vida del alma. Las facultades de nuestra alma aún permanecen como órganos que han de ser usados por el Señor en el espíritu.]

[No piense que todos los pensamientos vienen del infierno, ni que todas las intenciones vienen del yo. Algunos pensamientos vienen de los cielos, y algunas intenciones se originan en Dios. Pero generalmente hay una mixtura en nuestros pensamientos e intenciones, por lo cual necesitamos la palabra viva, operativa y cortante, para que penetre en nosotros y discierna nuestros pensamientos e intenciones, revelando cuáles provienen del yo y procuran el bienestar del yo, y cuáles se originan en Dios y están dirigidos hacia El. Por nosotros mismos no podemos discernir esto. Sin embargo, una vez que experimentamos la palabra viva de Dios, es fácil distinguir los pensamientos que no se originan en Dios y las intenciones que provienen de Satanás.]

## II. LA MENTE, LA PARTE EMOTIVA Y LA VOLUNTAD SON RENOVADAS Y ELEVADAS

### A. Un entendimiento elevado

[Mientras más somos uno con el Señor en el espíritu, más espirituales somos, y más aguda será nuestra mente. Antes de tomar al Señor como nuestra vida, nuestros pensamientos son muy torpes, pero cuando renunciamos al yo y tomamos al Señor como nuestra vida, nuestro entendimiento se vuelve muy agudo. En China muchas hermanas mayores nunca tuvieron ningún tipo de educación, sin embargo, ellas amaban mucho al Señor y sabían cómo rendirse a El, tomándolo como su vida. Después de dos o tres años, ellas llegaron a tener una mente muy aguda, especialmente con relación a las cosas del Señor; se volvieron expertas. Pero quienes aman poco al Señor, aunque tengan un doctorado, tendrán poco entendimiento en las cosas espirituales. Cuando uno habla con ellos acerca de las cosas del Señor, ellos dicen: "¿De qué está hablando? No entiendo nada".]

### B. Una parte emotiva espiritual

[Sucede lo mismo con respecto a la parte emotiva. No piense que el Señor demanda que renunciemos al órgano emotivo, es decir, a la facultad de nuestra parte emotiva. Ciertamente el Señor exige que no vivamos dirigidos por las emociones, pero aún tenemos que ejercitar la parte emotiva. Si usted ama al Señor y está lleno del Espíritu, seguramente será muy emotivo. Una persona que no es emotiva, jamás podrá ser espiritual. Una persona espiritual es muy emotiva. Si no sabe amar, llorar, estar feliz, y estar triste, me temo que ni siquiera sea un cristiano genuino.

Cuánto más espiritual sea una persona, más emotiva será; no obstante, su espíritu moderará sus emociones. El apóstol Pablo era muy emotivo. El habla de que en ocasiones lloró (Fil. 3:18; Hch. 20:19, 31). El era muy tierno en sus sentimientos, en amor, en misericordia y en compasión. No obstante, su emotividad no era natural, sino espiritual, es decir, estaba bajo el control del espíritu.]

### C. Una voluntad firme y renovada

[Una persona espiritual, por un lado, posee una mente y una parte emotiva agudas, y por otro, tiene una voluntad firme. Ninguna persona espiritual es como una medusa, sin columna vertebral. Las personas que tienen una emotividad natural, son como una medusa. Las personas espiritualmente emotivas son nobles en sus emociones, pero firmes en su voluntad. Mientras más estamos en el espíritu, más firme será nuestra voluntad.]

### D. Facultades que expresan al Señor

[Una persona espiritual tiene un entendimiento agudo, una parte emotiva sensible y afectuosa, y una voluntad firme. Las facultades del alma son órganos que el Espíritu usa para expresar al Señor. El Señor es muy sabio y Sus pensamientos son muy numerosos (Sal. 139:17-18a). Una persona espiritual no carece de pensamientos; por el contrario, cuanto más espiritual sea, más entendido será en el espíritu. Puedo testificar que cuanto más estoy en el espíritu, más elevado es mi pensamiento. Pero cuando estoy en mi yo, mi pensamiento empobrece.

Debemos entender que la mente, la parte emotiva y la voluntad no deben ser destruidas. Es la vida del alma la que debemos abandonar. La vida natural, la vida del yo, ya fue clavada en la cruz (Gá. 2:20; Ro. 6:6). Ahora tenemos que tomar a Cristo, nuestro esposo (2 Co. 11:2), como nuestra vida. Debemos tomar la vida divina como nuestra propia vida; sin embargo, las facultades del alma aún permanecen activas como órganos que pueden ser usados por nuestro espíritu para expresar al Señor.]

### III. UNA VIDA QUE RENUNCIA AL ALMA Y SE VUELVE AL ESPIRITU

#### A. Tomar al Señor como nuestra vida

[Los creyentes debemos rechazar nuestra mente, parte emotiva y voluntad. Tenemos que renunciar a nuestro yo y tomar al Señor Jesús como nuestra vida. Esto se logra al volvernos a nuestro espíritu y percibir lo que se halla en él. Supongamos que un hermano viene a hablar con usted. Mientras lo escucha, debe rechazar el yo, o sea, su manera de pensar natural, su parte emotiva y su voluntad. Tiene que tomar al Señor Jesús como su vida volviéndose a su espíritu, a su parte mas interna, a fin de percibir lo que allí se encuentra. Esta es la forma correcta de conducirnos como creyentes, pero muchos no lo hacemos así. Antes bien, cuando un hermano viene a hablar con nosotros, ejercitamos nuestra mente en una forma independiente del espíritu. En ocasiones incluso nos olvidamos del Señor Jesús y olvidamos que tenemos espíritu. La manera que debe comportarse el creyente normal es siempre renunciar a la mente natural, voluntad y parte afectiva y tomar al Señor Jesús como su vida. En cada ocasión debemos volvernos a la parte más interna de nuestro ser y percibir lo que hay allí.]

#### B. Bajo el control del espíritu

[Debemos aprender la lección de renunciar a la mente, la parte emotiva y la voluntad naturales y sujetarlas bajo el control del espíritu. El propósito de renunciar a la vida del alma y tomar al Señor como nuestra vida en el espíritu, es que el espíritu controle y dirija todas las partes del alma. De esta manera, éstas pueden ser usadas para expresar al Señor.]

[Renunciar al alma quiere decir volvernos de nosotros mismos al espíritu. De este modo, en el espíritu, nos encontramos con Cristo. ¿Por qué los cuatro evangelios demandan, en forma negativa, que renunciemos al alma, mientras que las epístolas nos instan, de forma positiva, a vivir y hacer todas las cosas en el espíritu? Porque el Señor Jesús está en nuestro espíritu, y Su gracia también se halla allí. ¡Seguir a Cristo requiere que le demos importancia al espíritu, ya que éste es el blanco de la economía de Dios! ¡Debemos dar énfasis nuevamente a este blanco de la economía de Dios! Debemos entender claramente que el plan eterno de Dios es impartirse a Sí mismo en nuestro espíritu. Y El ya hizo esto; ahora El mora en nuestro espíritu con miras a ser nuestra vida y nuestro todo. Todas nuestras necesidades las satisface el Espíritu maravilloso que mora en nuestro espíritu.]

**RESUMEN**

El Nuevo Testamento enseña que tenemos que renunciar al alma. El alma es el yo. Renunciar al alma significa simplemente renunciar a nuestra mente, parte emotiva y voluntad, y volvernos a nuestro espíritu. La vida del alma es diferente de las facultades del alma. Renunciamos a la vida del alma, pero las facultades de ésta permanecen como órganos que debemos usar, por medio del espíritu, para expresar al Señor.

**Preguntas**

1. ¿Cuáles son las partes del alma?
2. Explique por qué es errónea la idea de que renunciar al alma, también es renunciar a las facultades del alma.
3. ¿Cuál es la diferencia entre la vida del alma y las facultades del alma?
4. ¿De qué manera podemos renunciar a la vida del alma?
5. ¿Cuál es el resultado de renunciar a nuestra alma?

**Citas tomadas de las publicaciones de Lee y LSM**

1. Nuestro espíritu humano, págs. 59-60, 65-66.
2. Estudio-vida de Hebreos, pág. 293.
3. Nuestro espíritu humano, págs. 66-67, 68, 69.
4. La economía de Dios, pág. 109.

Lección dieciséis

## CONOCER NUESTRO ESPIRITU

**Lectura bíblica**

Dn. 7:15; Ro. 8:6

**Bosquejo**

I. El sentir del espíritu
II. La clave para obtener vida o muerte: poner la mente en el espíritu
   A. El sentir de vida
   B. El sentir de paz
   C. El sentir de muerte
III. Vivir en el espíritu
   A. Prestar atención al sentir interior
   B. La vida cristiana conforme al espíritu

**Texto**

[Hablar de nuestro cuerpo es muy sencillo, porque lo podemos ver y tocar. Hablar del alma también es fácil, pues, a pesar de que ésta es abstracta, podemos sentirla y conocerla por sus funciones, tales como: pensar, analizar y tomar decisiones, y por sus acciones, como: sentirse satisfecho, molesto, apenado y gozoso. Pero hablar del espíritu es verdaderamente difícil. Entender lo relativo al espíritu no es nada sencillo, mucho menos entender todo lo relacionado con él.]

¿Dónde se localiza nuestro espíritu? No estamos seguros de ello. Daniel 7:15 dice que nuestro espíritu está en medio de nuestro cuerpo, pero no nos da la ubicación exacta. No obstante, conforme a nuestra experiencia, sabemos que tenemos un espíritu. Si queremos conocer el espíritu directamente, es un tanto difícil, pero es relativamente fácil conocerlo por medio del sentir que genera su presencia en nosotros.

### I. EL SENTIR DEL ESPIRITU

[Podemos conocer el espíritu por medio del sentir que éste

genera en nosotros. Hasta el día de hoy, nadie ha visto jamás la electricidad. La luz de una lámpara no es la electricidad misma, sino una expresión o señal de ésta, y podemos conocerla por medio de dicha manifestación o expresión. Tampoco nadie ha visto la vida que anima al hombre, pero podemos conocer dicha vida por su expresión y por medio de los sentidos. Bajo este mismo principio, podemos decir que el espíritu es muy misterioso. Uno no puede verlo, pero lo puede sentir. Así como no podemos ver la electricidad, pero cuando la tocamos, la sentimos instantáneamente, de igual forma, podemos conocer el espíritu por medio del sentir del mismo. Sentir el espíritu es la manera de conocerlo.]

## II. LA CLAVE PARA OBTENER VIDA O MUERTE: PONER LA MENTE EN EL ESPIRITU

[En Romanos 8 se menciona el espíritu. Es difícil encontrar otro pasaje en la Biblia que hable de nuestra condición espiritual tan claramente como en dicho capítulo. Por lo tanto, si queremos conocer el espíritu, es imperativo que prestemos atención a este pasaje.]

Romanos 8:6 dice: "Porque la mente puesta en la carne es muerte, pero la mente puesta en el espíritu es vida y paz". [Poner nuestra mente en la carne, es muerte, pero ponerla en el espíritu, es vida y paz. Esta es la clave para obtener muerte o vida. La mente es una entidad neutral, pues se encuentra entre ambos. Se puede volver hacia la carne, o hacia el espíritu. Una vez más se repite la historia del huerto del Edén. Usando el libre albedrío, podemos tomar cualquiera de las dos opciones. Escoger el árbol del conocimiento nos trae muerte, pero elegir el árbol de la vida nos proporciona vida. Nosotros nos encontramos entre estos dos; también somos neutrales a la vida y a la muerte. El resultado depende de nuestra elección, de nuestra actitud. Por una parte, el pecado personificado, que representa a Satanás, está corporificado en la carne; por otra, una vez que somos salvos, el Dios Triuno viene a nuestro espíritu, y el yo o la mente se encuentra en medio de ambos. La clave para obtener vida o muerte depende de nuestra cooperación con el espíritu o con la carne. Cuando cooperamos con la carne, tenemos muerte, pero cuando cooperamos con el espíritu, participamos de Dios, quien es vida.]

## A. El sentir de vida

[Originalmente, nuestro espíritu era simplemente el espíritu del hombre, y se hallaba en una condición de muerte. Pero cuando el Espíritu de Dios entró en nosotros, no sólo vivificó nuestro espíritu, sino que también le añadió la vida de Dios. Por consiguiente, nuestro espíritu no sólo está vivo, sino que posee la vida de Dios; y no sólo es el espíritu, sino el espíritu de vida. Toda sensación de vida que genera en nosotros el espíritu nos capacita para conocerlo. Cuando ponemos nuestra mente en el espíritu y actuamos conforme a éste, la vida que hay en él nos permite percibir dicha vida. Ya que esta vida es la vida de Dios, la cual es fresca, viviente, fuerte, poderosa, brillante, santa, real y en ninguna forma vana, tal vida nos hará percibir la presencia de Dios, de modo que nos sintamos frescos, vivientes, fuertes, poderosos, brillantes, santos, reales y llenos. Cuando tenemos tal sentir, sabemos que hemos puesto la mente en el espíritu, que andamos de acuerdo al espíritu y que vivimos en el espíritu. Tal sentir es el sentir de la vida que está en nuestro espíritu, el cual nos dirige desde nuestro interior a andar conforme al espíritu y a vivir por él. Cuando experimentamos esa sensación, experimentamos el espíritu. Cuando prestamos atención a ese sentir, estamos prestando atención al espíritu. Es muy difícil percibir el espíritu directamente, pero es relativamente fácil tener este sentir de vida que el espíritu produce en nosotros. Si seguimos muy de cerca este sentir, podremos conocer el espíritu y vivir en él.

Podemos decir que la vida de Dios que está en nuestro espíritu es Dios mismo; por lo tanto, sentir esta vida equivale a sentir al propio Dios. Si vivimos en el espíritu y ponemos nuestra mente en éste, el sentir de vida permitirá que tengamos contacto con Dios y que sintamos que Dios está en nosotros como vida, poder y el todo para nosotros. De este modo, nos sentiremos felices, descansados, confortados y satisfechos. De modo que, cuando tocamos a Dios por medio del sentir de vida interior, tocamos la vida misma; de esta forma podemos saber que estamos viviendo en el espíritu y que nuestra mente está puesta en el espíritu.]

### B. El sentir de paz

[Poner la mente en el espíritu no sólo es vida, sino también paz. La paz mencionada en Romanos 8:6 no se refiere a la paz que proviene de nuestras circunstancias externas, sino a la paz que brota de nuestro interior.]

[El sentir de paz y el sentir de vida van siempre juntos. El sentir de vida es fresco y viviente, y el sentir de paz es un sentir de normalidad y quietud. El sentir de vida es satisfacción y vigor pleno, y el sentir de paz es descanso y consuelo. Si nos ocupamos del espíritu y andamos y vivimos por él, no sólo tendremos el sentir de vida, que implica sentirnos frescos, vivientes, satisfechos y vigorosos, sino que también tendremos un sentir de paz, que nos hará sentirnos normales, descansados, confortados y tranquilos. Esto último es también el sentir del espíritu. Una vez que sentimos esto, podemos saber que estamos viviendo en el espíritu. Cuando seguimos tal sentir del espíritu, estamos siguiendo al espíritu mismo. Este sentir nos capacita para conocer el espíritu y percibirlo. Mientras más andamos conforme al espíritu y vivimos en él, más rico y profundo llega a ser este sentir dentro de nosotros.]

### C. El sentir de muerte

[Vemos un contraste en Romanos 8:6. El apóstol dice que el resultado de poner la mente en la carne es muerte, mientras que el resultado de poner la mente en el espíritu es vida y paz. Estas palabras revelan que así como la carne está contra el espíritu, también el resultado de poner la mente en la carne, lo cual trae muerte, es opuesto al resultado de poner la mente en el espíritu, lo cual nos proporciona vida y paz. Por lo tanto, el apóstol dice que la muerte no sólo es lo opuesto a la vida, sino también lo opuesto a la paz. Así que, el sentir de muerte no sólo es contrario al sentir de vida, sino que también es lo opuesto al sentir de paz. El sentir de vida nos lleva a sentirnos frescos, vivientes, satisfechos y vigorosos; pero el sentir de muerte hace que sintamos todo lo opuesto, pues nos sentimos viejos, deprimidos, vacíos e imposibilitados. El sentir de paz hace que nos sintamos normales, descansados, confortables y tranquilos. Pero la sensación de muerte produce todo lo contrario: nos hace sentir anormales, inquietos, incómodos e intranquilos. Por consiguiente, cada vez que nos sintamos desolados, deprimidos, vacíos, secos, débiles e imposibilitados, estaremos en obscuridad y desanimados, inquietos, inseguros, incómodos, sin armonía, llenos de conflictos, anormales, tristes y atados; todo esto nos confirma que no estamos viviendo en el espíritu, sino en lo opuesto al espíritu, a saber, la carne. Por eso, al conocer lo opuesto al espíritu, conocemos el espíritu mismo.]

### III. VIVIR EN EL ESPIRITU

#### A. Prestar atención al sentir interior

[No debemos argumentar con el sentir interior de vida y paz. Ni debemos razonar si algo es bueno, bíblico o santo. Tampoco debemos tratar de justificarnos diciendo que lo que estamos haciendo es para el evangelio o para la iglesia. La evidencia es: ¿tenemos el sentir interior de vida y paz? Cuanto más razonemos y argumentemos con este sentir, más sentiremos muerte en nuestro interior. Podemos conocer la voluntad del espíritu únicamente por medio de este sentir interior. Si hemos de diferenciar el espíritu y el alma, debemos rechazar nuestra mente racional, nuestra parte emotiva y nuestra voluntad, y prestar toda nuestra atención al sentir interior.]

#### B. La vida cristiana conforme al espíritu

[Supongamos que vemos algo que nos gustaría comprar. Cuanto más lo consideramos, más sentimos que queremos obtenerlo. Finalmente, tomamos la decisión de comprarlo. La parte emotiva se ejercita, ya que nos gusta ese artículo; la mente se ejercita, porque lo consideramos mucho; y la voluntad también se ejercita porque tomamos la decisión de comprarlo. Así que, todo el alma se ejercita. Pero cuando vamos a comprarlo, algo *en lo más recóndito* de nosotros protesta. A nuestra parte emotiva le agrada el artículo, nuestra mente lo considera, y nuestra voluntad lo escoge, pero algo más profundo, protesta. Esto es el espíritu.]

[Cualquier cosa que hagamos, no importa si pensamos que está bien o mal, o si es espiritual o no, si dentro de nosotros nos sentimos inquietos, inseguros, vacíos y deprimidos, esto es una evidencia de que en ese momento estamos en la carne, y no andamos conforme al espíritu. Inclusive al orar o predicar, por no mencionar otras cosas, si nos sentimos vacíos y deprimidos interiormente, insatisfechos o faltos de paz, esto es también evidencia de que estamos orando o predicando por la carne, y no en el espíritu.]

[La vida cristiana, el andar cristiano y las actividades cristianas no las rige la norma del bien y mal; deben realizarse en total conformidad con el espíritu. Si practicáramos esto, y fuéramos gobernados y controlados por este principio, el Señor transformaría nuestro ser interior y nuestra vida diaria a un paso acelerado.]

### RESUMEN

La única manera de conocer el espíritu humano es por medio del sentir del espíritu. Ya que Dios mismo mora en nuestro espíritu, sentimos vida y paz cuando nuestra mente está puesta en el espíritu y vivimos y andamos en nuestro espíritu. Pero cuando no estamos en el espíritu, experimentamos lo opuesto: el sentir de muerte. La vida cristiana no consiste en hacer el bien y rechazar el mal; más bien consiste en vivir conforme al sentir que el espíritu produce en nuestro interior.

### Preguntas

1. ¿Cuáles son las tres clases de sentir del espíritu? ¿Qué versículo sustenta esto?
2. ¿En qué se parece nuestra mente, carne y espíritu al huerto del Edén?
3. Describa brevemente los tres tipos de sentir de nuestro espíritu.
4. ¿Cómo debe afectar el sentir del espíritu la manera en que vivimos?

## Citas tomadas de las publicaciones de Lee y LSM

1. El conocimiento de la vida, pág. 67.
2. Nuestro espíritu humano, págs. 73, 66.
3. La economía de Dios, pág. 156.
4. El conocimiento de la vida, págs. 74-75.
5. Nuestro espíritu humano, pág. 75.
6. El conocimiento de la vida, págs. 76-78.
7. Nuestro espíritu humano, pág. 77.
8. *The Stream* [El manantial], tomo 4, núm. 1, 1 de febrero de 1966, pág. 5.
9. El conocimiento de la vida, págs. 77-78.
10. Nuestro espíritu humano, pág. 76.

Lección diecisiete

# EL ESPIRITU MEZCLADO

**Lectura bíblica**

1 Co. 6:17; Ro. 8:4; 2 Ti. 4:22; 2 Co. 3:17; Ro. 8:16

**Bosquejo**

I. Un solo espíritu con el Señor
   A. Dos espíritus mezclados como uno
   B. No se produce una tercera naturaleza
II. El Espíritu da testimonio juntamente con nuestro espíritu
III. Andar conforme al espíritu mezclado

**Texto**

[Físicamente nacimos de nuestros padres, mas cuando fuimos regenerados nacimos del Espíritu (Jn. 3:6). Al creer en el Señor Jesús, nuestro espíritu nació del Espíritu. El Espíritu todo-inclusivo vino a nuestro espíritu y lo regeneró con la vida divina.]

### I. UN SOLO ESPIRITU CON EL SEÑOR

[Uno de los versículos más grandiosos de la Biblia, 1 Corintios 6:17, dice: "Pero el que se une al Señor, es un solo espíritu con El". Las implicaciones de este versículo son maravillosas y de mucho alcance. Los creyentes somos un solo espíritu con el Señor. ¡Qué tremenda verdad! Esto quiere decir que nosotros estamos en El y que El está en nosotros. También implica que nosotros y El nos hemos mezclado y compenetrado orgánicamente, y hemos venido a ser uno con El en vida. Ser un espíritu con el Señor significa que nosotros y El somos una entidad viviente. Simplemente no encuentro palabras para explicar el significado de este versículo. Decir que somos un solo espíritu con el Señor definitivamente no quiere decir que hemos sido deificados. Sin embargo, ciertamente implica la mezcla de lo divino con lo humano. El himno #215 dice: "Dios mezclado con humanidad, vive en mí, mi todo es El". Ser un espíritu con el Señor implica que nos hemos compenetrado y mezclado con El orgánicamente.]

[La palabra que se traduce "espíritu" en Romanos 8:4 y en otros versículos de este capítulo, constituye un problema para los traductores. Es difícil decidir si se escribe con mayúscula, para denotar al Espíritu Santo, o con minúscula, para referirse al espíritu humano. Más bien, este espíritu se refiere al espíritu mezclado, es decir, a nuestro espíritu mezclado con el Espíritu Santo. ¡Necesitaríamos un tamaño especial de letra para identificarlo, que no sea ni mayúscula ni minúscula! Estos dos espíritus, el divino y el humano, se han hecho uno (1 Co. 6:17; 2 Ti. 4:22; 2 Co. 3:17).]

### A. Dos espíritus mezclados como uno

[El Señor hoy es el Espíritu vivificante, y a nosotros se nos ha dado un espíritu humano creado por Dios, con el propósito de que podamos recibir a Cristo como Espíritu vivificante. Hoy estos dos espíritus son uno. ¡Esto es maravilloso! Nuestro espíritu es uno con el Señor, porque El mora en nuestro espíritu como Espíritu vivificante. Pero al estar en nuestro espíritu El no es como una gota de aceite que cae en el agua, que nunca se mezcla con ella. El Señor se mezcla con nosotros, en nuestro espíritu, así como el té y el agua lo hacen. Por esta razón, muchas veces es difícil distinguir si somos nosotros los que actuamos o es el Señor. En ocasiones sentimos el deseo de emprender algo; sin embargo, es el Señor quien lo desea. Esto obedece a que somos uno con el Señor en nuestro espíritu. Al poner el té en el agua, es imposible separarlo de ella. Por eso yo le llamo agua-té. Es tanto té como agua. Los dos se mezclan llegando a ser uno. De igual manera, el Señor Jesús como Espíritu vivificante se mezcla con nuestro espíritu y se hace uno con él. El está en nosotros, y nosotros estamos en El. Aparentemente un hermano habla, pero mientras él habla, es el Señor quien habla. El Señor habla por medio de dicho hermano. Las palabras del Señor salen de la boca del hermano, y lo que el hermano habla son las propias palabras del Señor. A la larga, quien habla es una persona mezclada. ¡Alabado sea el Señor que verdaderamente somos un espíritu con El!]

## B. No se produce una tercera naturaleza

[Algunos estudiosos de la Biblia, e incluso algunos maestros, no entienden la verdad en cuanto a esta mezcla. En tiempos antiguos, se dio un debate relacionado con el hecho de que en la persona del Señor Jesús se mezclaron la esencia divina y la humana. Algunos entendieron esto equivocadamente y dijeron que esta mezcla había producido una tercera naturaleza, algo que no es ni divino ni humano. Es herético decir que, con relación al Señor Jesús, la mezcla de la esencia divina y la esencia humana produjeron una tercera naturaleza, que no es totalmente humana, ni divina. Sin embargo, queremos aclarar que éste no es el entendimiento adecuado que comunica el verbo "mezclar". Definimos el verbo "mezclar" de esta manera: "combinar o unir una cosa con otra (o dos o más elementos juntos), especialmente de manera que los elementos originales se pueden distinguir". Según esta definición, cuando dos o más elementos se mezclan, no pierden su naturaleza original, sino que aún pueden distinguirse, pero no separarse.]

### II. EL ESPIRITU DA TESTIMONIO JUNTAMENTE CON NUESTRO ESPIRITU

["El Espíritu mismo da testimonio juntamente con nuestro espíritu, de que somos hijos de Dios" (Ro. 8:16). Ahora que el Espíritu está en nuestro espíritu mediante la regeneración, El testifica juntamente con nuestro espíritu que somos hijos de Dios. Los dos espíritus corresponden el uno al otro, y juntamente confirman este hecho.]

[Este versículo no dice que el Espíritu dé testimonio y que nuestro espíritu también lo haga separadamente. Dice que el Espíritu da testimonio juntamente con nuestro espíritu. Esto es más profundo que decir que el Espíritu y nuestro espíritu dan testimonio, porque indica que los dos espíritus son uno. Decir que el Espíritu y nuestro espíritu testifican, quiere decir que éstos siguen siendo dos, es decir, que están separados. Pero decir que el Espíritu da testimonio juntamente con nuestro espíritu, indica que los dos espíritus se han mezclado en un solo espíritu.]

[No importa cuán joven sea usted, si es un hijo de Dios, el Espíritu de Dios da testimonio juntamente con su espíritu. Observe que no dice: "en nuestro espíritu". Si dijera esto, implicaría que sólo el Espíritu de Dios testifica. Sin embargo, aquí dice que el Espíritu da testimonio juntamente con nuestro espíritu, lo cual quiere decir que ambos testifican juntamente. El Espíritu de Dios da testimonio, y simultáneamente nuestro espíritu da testimonio con El. Esto es maravilloso.

Algunos quizás digan: "Pero yo no siento que el Espíritu de Dios dé testimonio. ¿Dónde está el Espíritu de Dios? No lo siento. No tengo ninguna sensación de que el Espíritu esté en mí. Nunca lo he visto y no puedo sentirlo. Simplemente no lo percibo". Sin embargo, ¿no siente usted que su espíritu da testimonio? Debe darse cuenta de que mientras su espíritu da testimonio, el Espíritu Santo también lo hace. No puede negar que su espíritu testifica dentro de usted. El apóstol Pablo fue muy sabio. El dijo que el Espíritu da testimonio juntamente con nuestro espíritu. Cuando nuestro espíritu da testimonio, ése es también el testimonio del Espíritu, porque los dos espíritus se han mezclado y han llegado a ser uno. Es difícil diferenciar estos dos espíritus.]

### III. ANDAR CONFORME AL ESPÍRITU MEZCLADO

[Los jóvenes necesitan aprender a experimentar a Cristo incluso al estudiar este libro de lecciones. Tal vez puedan orar: "Señor, aquí está el libro de lecciones, y mañana será el examen final. Señor, confirma el hecho de que Tú eres un espíritu conmigo. Señor, lee este libro conmigo". Si hacen esto, les aseguro que experimentarán a Cristo como su entendimiento y como su sabiduría para aprender todos los secretos del libro de lecciones. Experimentarán a Cristo como su buena memoria. Luego, al siguiente día, cuando tomen el examen, no se sentirán tan presionados y temerosos. Sólo necesitan orar: "Señor, soy uno contigo, soy un espíritu contigo. No sólo al hablar, sino aun en el salón de clases, al tomar el examen. Señor, haz que esto sea una realidad. Manifiéstale a los ángeles y a todo el universo que soy uno contigo". Les aseguro que si lo hacen, experimentarán a Cristo como su sabiduría. Esta es la manera de experimentar tal realidad.]

# EL ESPIRITU MEZCLADO

[Día tras día debemos adherirnos al espíritu mezclado y conducirnos conforme a este espíritu. Cada vez que andamos conforme a la carne, actuamos como pecadores, no importa si nos consideramos buenos o malos. No debemos comportarnos conforme a la carne, pues tenemos la opción de andar conforme al espíritu. Si lo hacemos, disfrutaremos todas las riquezas de Cristo.

Andar conforme al espíritu debe ser nuestro ejercicio diario. Tenemos que aplicar esto a la manera en que hablamos, pensamos, y en todo lo que hagamos. Por ejemplo, suponga que un joven se pregunta si debe participar de cierta actividad atlética. Mi consejo para él sería que, si puede participar en esa actividad atlética conforme al espíritu, entonces puede hacerlo. Como cristianos, no debemos tomar decisiones según lo correcto o incorrecto; antes bien, debemos decidir conforme al espíritu.

El Espíritu, quien está mezclado con nuestro espíritu y conforme al cual debemos conducirnos, es el maravilloso Espíritu del Dios Triuno. Este Espíritu, que es el Dios Triuno hecho real a nosotros, está mezclado con nuestro espíritu.] Esto [no es simplemente el Espíritu divino, ni sólo el espíritu humano; es la mezcla del Espíritu divino con el espíritu humano. ¡Aleluya por esta mezcla maravillosa!]

## RESUMEN

Los creyentes somos un solo espíritu con el Señor; estamos en El, y El está en nosotros. El Señor Jesús como Espíritu vivificante está mezclado y compenetrado orgánicamente con nuestro espíritu. En la mezcla de lo divino con lo humano, la naturaleza original no se pierde, ni se produce una tercera naturaleza. El Espíritu da testimonio juntamente con nuestro espíritu, testificando que somos los hijos de Dios. Todos los días debemos andar conforme al espíritu mezclado.

### Preguntas

1. Cite uno de los versículos más grandiosos de la Biblia que muestra que nosotros somos un solo espíritu con el Señor.
2. ¿Por qué la palabra traducida "espíritu" en Romanos 8:4 crea un problema para los traductores de la Biblia?

3. ¿Qué queremos decir al afirmar que el Espíritu todo-inclusivo se mezcla con nuestro espíritu?
4. ¿Produce esta mezcla una tercera naturaleza?
5. ¿Por qué la Biblia dice que el Espíritu de Dios da testimonio juntamente "con nuestro espíritu" y no "en nuestro espíritu"? ¿Qué muestra esto?
6. ¿Por qué no podemos distinguir si es el Espíritu Santo o nuestro espíritu, el que da testimonio de que somos hijos de Dios?

**Citas tomadas de las publicaciones de Lee y LSM**

1. *The Completing Ministry of Paul* [El ministerio de Pablo, un ministerio que completa la revelación divina], pág. 54.
2. *Life-study of Colossians* [Estudio-vida de Colosenses], págs. 457-458.
3. *Life Messages* [Mensajes de vida], pág. 432.
4. *The Stream* [El manantial], tomo 14, núm. 1, 1 de febrero de 1976, pág. 10.
5. Estudio-vida de Lucas, págs. 5-6.
6. The Completing Ministry of Paul, pág. 54.
7. Estudio-vida de Romanos, págs. 774, 238-239.
8. *The Up-to-Date Move of the Lord* [El mover actual del Señor], págs. 31-32.
9. Estudio-vida de Romanos, pág. 644.

Lección dieciocho

## SER LLENOS EN ESPIRITU

**Lectura bíblica**

Ef. 5:18; 3:19; Hch. 2:2-4; 13:52; Jn. 14:17; Ro. 8:11; Hch. 1:8; 2:17; Ef. 5:19

**Bosquejo**

I. Los dos aspectos en que el Espíritu llena a los creyentes
II. Estar dispuestos a ser usados por Dios
III. La manera de ser llenos en el espíritu
   A. Al hacer una confesión exhaustiva
   B. Al hablar
IV. Ser llenos a fin de hablar y ministrar a otros

**Texto**

Efesios 5:18 dice: "No os embriaguéis con vino, en lo cual hay disolución; antes bien, sed llenos en el espíritu". [El espíritu en el que somos llenos (v. 18) es nuestro espíritu regenerado, el espíritu humano donde mora el Espíritu de Dios. Nuestro espíritu no debe estar vacío; debe llenarse de las riquezas de Cristo hasta la medida de toda la plenitud de Dios (Ef. 3:19) ... Nuestro espíritu puede estar vacío y desinflado, como una llanta que pierde el aire. Si éste es el caso, es necesario ser llenos del *pnéuma*, necesitamos acudir a la "estación de servicio" celestial y llenar nuestro espíritu de *pnéuma*. De esta manera, seremos llenos en el espíritu. Según Efesios 3, debemos llenarnos de las riquezas de Cristo hasta la medida de toda la plenitud de Dios. Si nuestro espíritu está lleno de las riquezas de Cristo, no tendremos problemas en nuestra vida cristiana.]

### I. LOS DOS ASPECTOS EN QUE EL ESPIRITU LLENA A LOS CREYENTES

Ya vimos que existen dos aspectos del Espíritu todo-inclusivo (lección 7). Uno es el aspecto esencial o interior, y el otro, el aspecto económico o exterior. Estos dos aspectos del Espíritu tienen que ver con el asunto de ser llenos del Espíritu Santo.

[Hechos 2:2 dice que el viento llenó la casa donde los ciento veinte estaban sentados. La palabra griega traducida "llenó" es *pleróo*, que quiere decir: ser lleno interiormente, tal como el viento llenó la casa.

Los versículos 3-4 dicen: "Y se les aparecieron lenguas, como de fuego, que se repartieron asentándose sobre cada uno de ellos. Y fueron todos llenos del Espíritu Santo, y comenzaron a hablar en diversas lenguas, según el Espíritu les daba expresarse". La palabra griega traducida "llenos" en el versículo 4 es *plétho* (también usada en 4:8, 31; 9:17; 13:9 y Lc. 1:15, 41, 67). Esta palabra significa ser lleno exteriormente. Según su usó en Hechos, *pleróo* denota llenar un vaso por dentro, como el viento llenó la casa en el versículo 2; y *plétho* denota llenar a una persona exteriormente, como el Espíritu llenó a los discípulos exteriormente en este versículo. Los discípulos fueron llenos (*pleróo*) interior y esencialmente con el Espíritu (13:52) para llevar una vida cristiana, y fueron llenos (*plétho*) exterior y económicamente con el Espíritu para realizar su ministerio. El Espíritu que llena interiormente, el Espíritu esencial, está "en" los discípulos (Jn. 14:17; Ro. 8:11), mientras que el Espíritu que llena exteriormente, el Espíritu económico, está "sobre" ellos (Hch. 1:8; 2:17).] Todo creyente debe experimentar ambos aspectos.

[A partir de Pentecostés, la experiencia del Espíritu Santo tanto interna como externamente fue efectuada en la Cabeza (el Señor Jesús) así como también en el Cuerpo (representado por los apóstoles). Desde entonces, todo aquel que desee experimentar la obra del Espíritu Santo, experimenta al mismo tiempo, tanto al Espíritu Santo que mora en él, como al Espíritu Santo que desciende sobre él.]

### II. ESTAR DISPUESTOS A SER USADOS POR DIOS

Sin embargo, tenemos que añadir una palabra con relación a ser lleno exteriormente. [De hecho, si desde el principio todos los que son salvos estuviesen dispuestos a abandonarlo todo por el Señor y a ser usados por El, tan pronto que fueran salvos, todos estarían en la posición apropiada para recibir simultáneamente ambos aspectos del llenar del Espíritu Santo, como ocurrió en la casa de Cornelio. Es penoso reconocer que hoy en día, son muy pocos los que están dispuestos a que Dios lo use tan pronto como reciben la salvación. La mayoría de los creyentes están satisfechos con sólo poseer la vida eterna y salvarse de perecer. Ellos no prestan atención en absoluto a la obra de Dios ni a Su plan; ni tampoco desean obtener el poder necesario para laborar por Dios y cumplir Su propósito.

Ya que el hombre no está dispuesto a ser usado por Dios, muy pocos consiguen ser llenos exteriormente del Espíritu Santo, lo cual hace que esta experiencia se vuelva misteriosa y rara. De hecho, el aspecto exterior del Espíritu Santo de ninguna manera es más precioso ni más difícil de obtener que el aspecto interior, el único requisito es que estemos dispuestos a ser usados por Dios.]

### III. LA MANERA DE SER LLENOS EN EL ESPIRITU

#### A. Al hacer una confesión exhaustiva

[Para que el Espíritu Santo nos regenerara, primero tuvimos que confesar nuestros pecados, arrepentirnos y aceptar el hecho de que Cristo murió por nosotros. De igual manera, para ser llenos del Espíritu Santo interiormente, debemos primero aceptar el hecho de que morimos con Cristo. Luego, debemos negarnos al pecado, el mundo, la carne, nuestras opiniones y nuestra habilidad natural, al grado que nos despojemos completamente de ellos y que no permitamos que tengan más cabida en nosotros, sino más bien, que el Espíritu Santo posea toda nuestra vida. Si respondiéramos a lo que el Espíritu Santo requiere de nosotros, desechando y abandonando todo lo negativo, vaciándonos de todo y permitiendo que El obtenga plena libertad y autoridad en nosotros, automáticamente el Espíritu Santo nos llenaría, y experimentaríamos y disfrutaríamos el llenar interior del Espíritu Santo.]

Todos debemos hacer una confesión exhaustiva. Debemos acudir al Señor sin estar ocupados con tantos asuntos o personas. Debemos acudir a Él simplemente para tocarlo y ser llenos de Él. Si lo hacemos, lo primero que aflorará será nuestros pecados. Tendremos una sensación profunda de que no estamos bien en nada. Mientras confesemos, surgirá otra cuestión. Después de confesarla, surgirá una tercera, luego una cuarta, y así sucesivamente. Sin esta experiencia, nunca nos daríamos cuenta de cuántos pecados tenemos.

Debemos limpiarnos completamente a través de la confesión de todas nuestras faltas, maldades, errores, cosas pecaminosas, ofensas, etc. Si no lo hemos hecho por algún tiempo, tal vez será necesario emplear una o dos horas para limpiarnos completamente. Quizás tendremos que resolver ofensas o deudas acumuladas por mucho tiempo. Todos necesitamos este tipo de experiencia.

Una vez que hayamos efectuado tal confesión exhaustiva, seremos llenos del Espíritu. No necesitamos hablar en "lenguas". Tampoco debemos preguntarnos qué pasará o cómo nos sentiremos cuando seamos llenos interior y exteriormente del Espíritu. Sólo debemos acudir al Señor continuamente. Todos los días necesitamos ser limpios de esta manera. Ore: "Señor, límpiame; purifícame. Deseo sacar de mí todo lo sucio, toda la basura, y darte acceso a todo mi ser". Si hacemos esto cada día, el Espíritu nos llenará interiormente y se derramará sobre nosotros de una manera fresca.

### B. Al hablar

Más adelante, en Efesios 5:18, dice: "Sed llenos en el espíritu", y el versículo 19 agrega: "Hablando unos a otros con salmos, con himnos y cánticos espirituales". [Inmediatamente después de la cláusula "sed llenos en el espíritu" le sigue la palabra "hablando". Este tipo de frase puede considerarse como un modificador. "Hablando unos a otros" modifica a "sed llenos". ¿Cómo podemos ser llenos? Hablando. Al hablar, usted será lleno en su espíritu. ¿Pero qué es lo que hablamos, murmuraciones, chismes, noticias mundiales, escuela, familia, computadoras, grados de maestría o de doctorado? ¿Hablando qué? Hablando con salmos, pasajes largos como el salmo 119, el cual contiene 176 versículos y 22 secciones, conforme al alfabeto hebreo.]

[Los salmos, himnos y cánticos espirituales no tienen la finalidad únicamente de que los cantemos y salmodiemos con ellos, sino también de que nos hablemos con ellos los unos a los otros. Hablar, cantar y salmodiar de esta manera no es sólo lo que emana de nosotros cuando estamos llenos en el espíritu, sino que también es la manera de ser llenos. Los salmos son poemas largos, los himnos son poemas más cortos, y los cánticos espirituales son aún más cortos. Todos son necesarios para que nos llenemos del Señor y rebocemos de Él en nuestra vida cristiana.

Según el Nuevo Testamento, los salmos, himnos y cánticos espirituales son útiles no sólo para cantarlos, sino también para hablarlos. Algunas veces nos inspiramos cantando. Pero en otras ocasiones, el hablar que está lleno de *pnéuma* puede inspirarnos más que el cantar. Si estamos vacíos, carentes de *pnéuma*, nuestras palabras no inspirarán a nadie. Pero si estamos llenos del *pnéuma*, lo que digamos tendrá gran impacto e inspirará a otros. No es un asunto de elocuencia; sino de una expresión que conlleve impacto.]

### IV. SER LLENOS A FIN DE HABLAR Y MINISTRAR A OTROS

[El objetivo de ser llenos no es solamente que nos nutramos, sino que ministremos a otros, que engendremos nuevos creyentes. Todo ser humano fue diseñado por Dios para propagarse, para engendrar hijos. Por consiguiente, ¡todos debemos procrear! Debemos aprender a engendrar, a ministrar, a impartir en otros lo que hemos recibido en nuestro ser. Esto es reproducirnos, engendrar, producir nuevos creyentes por medio de nuestras palabras. Por lo tanto, hablar es engendrar, hablar es impartir y ministrar.]

¡Cuando hablamos, somos llenos, y cuando somos llenos, hablamos! Esto es maravilloso. Cuando el Espíritu es fresco en nuestra experiencia, la gente notará algo diferente en nosotros. Mientras les hablemos, se darán cuenta de que algo dentro de nosotros es nuevo, diferente, convincente. Si nos limpiamos por medio de la confesión, ciertamente tendremos impacto, y el Espíritu obrará por medio de lo que hablemos. ¡Sed llenos en el espíritu!

142  LOS DOS ESPIRITUS

### RESUMEN

El Señor nos manda a que seamos llenos en el espíritu. Este llenar consta de dos aspectos: uno es interior y el otro, exterior. Ser llenos interiormente es el aspecto esencial del Espíritu, mientras que ser lleno exteriormente constituye el aspecto económico. Ambos son necesarios para la vida cristiana y para nuestro ministerio. La manera de ser llenos es: (1) confesar todos nuestros pecados, faltas, mundanalidad, orgullo, etc., y (2) hablar. Esto nos hará personas que proclaman a Cristo y producen nuevos creyentes.

### Preguntas

1. ¿Cuáles son los dos aspectos en que el Espíritu Santo nos llena?
2. Explique cómo alude a estos dos aspectos el idioma griego.
3. ¿Qué condición debemos cumplir para ser llenos del Espíritu exteriormente?
4. ¿De qué manera somos llenos en el espíritu?
5. ¿Cuál debe ser el resultado de ser llenos?

### Citas tomadas de las publicaciones de Lee y LSM

1. *Life-study of Ephesians* [Estudio-vida de Efesios], pág. 431.
2. *Life-study of Acts* [Estudio-vida de Hechos], págs. 56-57.
3. La experiencia de vida, págs. 323, 327-328, 325.
4. *The Up-to-Date Move of the Lord* [El mover actual del Señor], págs. 18-19.
5. *Life-study of Ephesians* [Estudio-vida de Efesios], págs. 434-435.
6. *The Divine Speaking* [El hablar divino], pág. 52.

Lección diecinueve

## EJERCITAR NUESTRO ESPIRITU

**Lectura bíblica**

1 Ti. 4:7; 2 Ti. 1:7; 4:22; 1 Ti. 1:5; He. 10:22; 1 Jn. 1:7; Ef. 6:18; 1 Ts. 5:17

**Bosquejo**

I. Ejercitarnos para la piedad
   A. El ejercicio del espíritu
   B. Más provechoso que el ejercicio corporal
II. Cuidar de nuestra conciencia
   A. Una buena conciencia
   B. Aplicar la sangre que limpia
III. Ejercitarnos orando
   A. Orar sin cesar al invocar el nombre del Señor
   B. Orar-leer la Palabra
IV. Ejercitar nuestro espíritu en las reuniones

**Texto**

**I. EJERCITARNOS PARA LA PIEDAD**

**A. El ejercicio del espíritu**

[En 1 Timoteo 4:7 leemos: "Ejercítate para la piedad". Después, 2 Timoteo 1:7 dice: "Porque no nos ha dado Dios espíritu de cobardía, sino de poder, de amor y de cordura". Luego, 2 Timoteo 4:22 añade: "El Señor esté con tu espíritu". Si juntamos todos estos versículos, vemos que ejercitarnos para la piedad depende del ejercicio de nuestro espíritu, donde el Señor está. Ejercitarnos para la piedad requiere que sepamos cómo ejercitar nuestro espíritu, ya que Dios mismo está en él. Estos versículos son la base bíblica sobre la cual enseñamos que debemos ejercitar el espíritu.]

**B. Más provechoso que el ejercicio corporal**

[En el texto griego del Nuevo Testamento, la palabra

traducida "ejercicio" es semejante a la palabra "gimnasia". Durante la época en que el apóstol Pablo escribió estas epístolas, los griegos practicaban mucho los ejercicios de gimnasia. Así que, el trasfondo histórico del uso de esta palabra era el ejercicio de la gimnasia corporal. Aun en la actualidad, la gente se dedica cada vez más al ejercicio corporal para mejorar su salud física. Sin embargo, el apóstol Pablo utilizó esta palabra para dar énfasis a la necesidad vital de otra clase de gimnasia, otra clase de ejercicio no relacionado con el cuerpo físico. Esta gimnasia tiene qué ver con la piedad.

Tal vez algunos hermanos diariamente hagan ejercicio o practican gimnasia para mantener su cuerpo sano. Eso está bien, pues Pablo dice que el ejercicio corporal tiene cierto provecho. Es bueno, pero sólo hasta cierto grado. Sin embargo, Pablo describe aquí otra clase de gimnasia, la cual aprovecha para siempre. ¡Tanto para hoy como para la eternidad! El dice que esta clase de gimnasia es provechosa para la vida presente y para la vida eterna. Así que, debemos prestar más atención a esta gimnasia, el ejercicio de nuestro espíritu.]

### II. CUIDAR DE NUESTRA CONCIENCIA

#### A. Una buena conciencia

Para ejercitar nuestro espíritu es vital que cuidemos de nuestra conciencia. [La conciencia es la parte principal de nuestro espíritu. Si nuestra conciencia está contaminada, nunca tendremos un espíritu apropiado, ni siquiera podremos ejercitarlo. De hecho, si nuestra conciencia está mal, ¡nuestro espíritu estará en una condición de muerte! Por lo tanto, a fin de ejercitar nuestro espíritu apropiadamente, debemos tener primero una buena conciencia.]

[Si usted se contamina viendo cierta clase de fotografías, su espíritu se ensuciará, se contaminará y caerá en una condición de muerte. La consecuencia de esto es que no podrá orar, a menos que primero le pida al Señor que lo limpie de toda contaminación. Este es un ejemplo de cuánto necesitamos cooperar con el Dios Triuno que santifica, para que nuestro espíritu no sea afectado por la muerte y la contaminación.]

## B. Aplicar la sangre que limpia

[Por lo tanto, cuando ejercitamos nuestro espíritu para tener contacto con el Señor, necesitamos la sangre que limpia. Si no sabemos cómo aplicar la sangre, no sabremos realmente cómo ejercitar nuestro espíritu. Cada vez que ejercitemos nuestro espíritu, sentiremos que necesitamos la sangre. La sangre que limpia es indispensable, vital. Tan pronto empecemos a ejercitar nuestro espíritu para tocar al Señor, quien es justo y santo, sentiremos la necesidad de aplicar la sangre para limpiar nuestra conciencia. ¡El Señor está en la gloria, pero nosotros somos pecadores, malignos, sucios, mundanos y carnales, y no estamos al nivel de Su gloria! Por ende, la sangre debe llenar la brecha que existe entre nosotros y el Señor. Tenemos que aprender a aplicar la sangre constantemente.]

### III. EJERCITARNOS ORANDO

[Tenemos que comenzar a ejercitar nuestro espíritu orando, porque en principio, orar es algo que se efectúa en el espíritu (Ef. 6:18). Si vamos a ejercitar los ojos, lo hacemos mirando. Si vamos a ejercitar los pies, tenemos que caminar. Cuanto más caminemos, más ejercitamos los pies. Del mismo modo, la mejor forma de ejercitar el espíritu es orar.] Sin embargo, en nuestra experiencia, orar tal vez no nos parezca tan fácil.

[Una razón por la que en ocasiones no podemos orar, es que no usamos nuestro espíritu regularmente; éste no funciona por falta de ejercicio. En una ocasión, un médico me dijo que si cubríamos nuestros ojos por tres meses, perderíamos la práctica de ver. Aunque abriéramos nuestros ojos, no tendríamos la visión, porque no habríamos ejercitado nuestros ojos por bastante tiempo. Si no usamos nuestros ojos, éstos dejarán de funcionar. Del mismo modo, muchos hermanos y hermanas sencillamente dejan de usar su espíritu. Usan constantemente la mente, la parte emotiva, la voluntad, o el cuerpo físico, pero no su espíritu. Por lo tanto, el espíritu deja de funcionar y como consecuencia se atrofia.]

[La mejor manera de ejercitar nuestro espíritu es orar. Al

ejercitar nuestro espíritu en oración, nuestra meta debe ser tener contacto con el Señor, y no simplemente orar por ciertas personas o cosas. Sencillamente establezca contacto con el Señor y permítale que El le dé la carga de orar por alguien. No vaya al Señor con la mente llena de peticiones. Si trata de establecer contacto con el Señor de esta manera, su espíritu se cerrará. Debemos ir al Señor con un espíritu completamente abierto, adorándole, alabándole y dándole gracias. Entonces sabremos por qué orar y tendremos mucho que decir al Señor en oración.]

### A. Orar sin cesar al invocar el nombre del Señor

[En 1 Tesalonicenses 5:17 Pablo nos exhorta a orar sin cesar. ¿Qué significa orar sin cesar? Aunque podamos comer y beber varias veces al día, nadie puede hacerlo sin cesar. Lo que sí podemos hacer es respirar sin cesar. El mandato de Pablo es que oremos sin cesar, e implica que el orar sin cesar es semejante a respirar. ¿Pero de qué manera nuestra oración se convierte en nuestra respiración espiritual? ¿Cómo podemos lograr esto? La forma es invocar el nombre del Señor. Debemos invocar al Señor Jesús continuamente. Así respiramos, es decir, oramos sin cesar. Debido a que no estamos acostumbrados a ello, debemos practicarlo todo el tiempo, debemos invocar el nombre del Señor. Vivir es respirar. Hablando espiritualmente, respirar es invocar el nombre del Señor y orar a El. Invocando el nombre del Señor Jesús, respiramos al Espíritu.]

### B. Orar-leer la Palabra

Como vimos en la lección doce, el Espíritu está corporificado en la Palabra. A fin de experimentar el suministro del Espíritu que se halla en la Palabra, tenemos que ejercitar nuestro espíritu, y orar-leer es una de las mejores formas de hacerlo.

[Usemos el salmo 133 para mostrar la diferencia entre analizar la Biblia y disfrutar el alimento que ella contiene al orar-leer. Durante el tiempo devocional, algunos cristianos leen el salmo 133. Mientras lo hacen, quizás comiencen a analizar y preguntarse acerca del ungüento, la barba, el borde de las vestiduras, el rocío y el monte de Hermón. En lugar de recibir el suministro abundante, se distraen con muchas preguntas sin respuesta. Pero si en vez de eso, oramos-leemos el salmo 133, tomaremos este salmo de una manera viviente. Mientras oramos-leemos, podríamos decir: "¡Mirad, amén! Cuán bueno y cuán delicioso, amén". Al tomar la Palabra de esta manera, aplicamos el Espíritu todo-inclusivo a nuestro ser interior. Al orar-leer, ejercitamos nuestro espíritu para recibir el alimento espiritual de la Palabra. Mediante esta nutrición, crecemos en vida, somos nutridos con las palabras de fe y con la sana enseñanza. Si invertimos tan sólo diez minutos para orar-leer un pasaje de la Palabra, seremos nutridos ricamente. Mas aún, experimentaremos los numerosos elementos de las riquezas de Cristo.]

### IV. EJERCITAR NUESTRO ESPIRITU EN LAS REUNIONES

Finalmente, debemos ver que es crucial que ejercitemos nuestro espíritu en las reuniones de la iglesia. [Cada vez que nos congreguemos, debemos funcionar. Podemos orar, alabar, o compartir un testimonio. Esto es ejercitar nuestro espíritu y no permitir que permanezca en una condición de muerte ni aletargamiento. Pero siento decir que muchos santos no ejercitan su espíritu. En lugar de esto, permiten que su espíritu permanezca adormecido. Tal pareciera que dejan su espíritu en una tumba.]

[Cuando en una reunión todos ejercitan su espíritu, el Espíritu Santo tiene la libertad para moverse y fluir. Esto constituye una verdadera batalla, pues Satanás sabe que si todos liberan su espíritu, él será derrotado; así que, sutilmente ataca este blanco estratégico, y ahoga el espíritu de los santos. En tanto que él logre ahogar nuestro espíritu, nosotros seremos derrotados, y él saldrá ganando. Por lo tanto, tenemos que pelear la batalla; tenemos que aprender a liberar nuestro espíritu todo el tiempo, y estar siempre preparados para orar. Siempre que asistamos a una reunión, inmediatamente debemos ejercitar y liberar nuestro espíritu para orar.]

[Todos nuestros problemas pueden ser resueltos y todas nuestras necesidades satisfechas si ejercitamos nuestro espíritu. Todo lo que Dios es y todo lo que El ha logrado y obtenido se halla en el Espíritu que incluye todos los elementos divinos, el cual fue instalado en nuestro espíritu. Por consiguiente, al volvernos a nuestro espíritu y ejercitarlo, obtenemos el rico suministro que satisface toda necesidad.]

### RESUMEN

Todos los creyentes debemos aprender a ejercitar nuestro espíritu para entablar contacto con el Señor. Al ejercitar nuestro espíritu, debemos cuidar también de nuestra conciencia, aplicando la preciosa sangre de Cristo, la cual nos limpia. La mejor forma de ejercitar nuestro espíritu es orar. Todos podemos orar sin cesar invocando el nombre del Señor. Ejercitamos nuestro espíritu para recibir la nutrición espiritual de la Palabra, al orar-leer. Debemos ejercitar nuestro espíritu en las reuniones de la iglesia, orando, alabando o dando testimonio.

### Preguntas

1. ¿Cómo relaciona Pablo el ejercicio corporal con nuestro espíritu? ¿En qué versículo encontramos esto?
2. ¿Por qué ejercitar nuestro espíritu es más provechoso que ejercitar nuestro cuerpo?
3. En el ejercicio de nuestro espíritu, ¿por qué necesitamos cuidar primeramente de nuestra conciencia?
4. ¿Cuál es la mejor forma de ejercitar nuestro espíritu?
5. ¿De qué manera podemos orar sin cesar?

### Citas tomadas de las publicaciones de Lee y LSM

1. Nuestro espíritu humano, pág. 79.
2. *The Stream* [El manantial], tomo 5, núm. 1, 1 de febrero de 1967, págs. 3, 10-11.
3. *Life-study of First Thessalonians* [Estudio-vida de 1 Tesalonicenses], pág. 208.
4. *The Stream* [El manantial], vol. 5, núm. 1, 1 de febrero de 1967, pág. 22.
5. Nuestro espíritu humano, pág. 81.
6. *The Stream* [El manantial], tomo 5, núm. 1, 1 de febrero de 1967, pág. 33.

7. *Life-study of Colossians* [Estudio-vida de Colosenses], pág. 423.
8. *Life-study of Philippians* [Estudio-vida de Filipenses], págs. 298, 319-320.
9. *Life-study of First Thessalonians* [Estudio-vida de 1 Tesalonicenses], pág. 204.
10. *The Stream* [El manantial], tomo 5, núm. 1, 1 de febrero de 1967, pág. 27.
11. Estudio-vida de Romanos, pág. 639.

Lección veinte

## ANDAR CONFORME AL ESPIRITU Y DOS CLASES DE ANDAR POR EL ESPIRITU

**Lectura bíblica**

Ro. 8:4, 16; 1 Co. 6:17; Ro. 8:14; Gá. 5:16, 22-23, 25

**Bosquejo**

I. Andar conforme al espíritu
II. Ser guiados por el Espíritu
III. Dos clases de andar por el Espíritu
   A. Un andar habitual: el primer andar
   B. Un andar en fila: el segundo andar
   C. Andar por el Espíritu como norma

**Texto**

**I. ANDAR CONFORME AL ESPIRITU**

[Si leemos la Biblia desde el Antiguo Testamento hasta el final del Nuevo Testamento, veremos que el principal mandato del Señor no es que sigamos ciertas leyes o enseñanzas, sino que andemos conforme al espíritu.]

[Romanos 8:4 dice que no debemos andar según la carne, sino conforme al espíritu. El espíritu al que se refiere en Romanos 8:4 es el espíritu mezclado, es decir, nuestro espíritu mezclado con el Espíritu Santo (Ro. 8:16; 1 Co. 6:17). Debemos andar conforme a nuestro espíritu porque hoy el Espíritu Santo está en nuestro espíritu y es uno con él. Cuando andamos conforme a nuestro espíritu, espontáneamente andamos conforme al Espíritu Santo, porque ambos espíritus son uno.

La mayoría de las personas se conduce de acuerdo con su mente, según lo que piensa y lo que le gusta. Los que andan conforme a la carne, realizan cosas pecaminosas, mientras que otros hacen cosas buenas conforme a su mente, pensamientos, gustos y preferencias personales. Pero los creyentes debemos andar conforme al espíritu. Es fácil distinguir el espíritu y la carne, pero no es tan fácil diferenciar el espíritu y nuestra mente. Por ejemplo, quizás usted piense visitar a cierto hermano, pero en lo profundo de su ser, algo le molesta. Si éste es el caso, no debe decidir de acuerdo con sus gustos y preferencias, sino únicamente conforme a la "luz roja interior" que se lo prohibe, o la "luz verde interior", que se lo permite. Esto es andar conforme al espíritu.]

[La palabra *andar* quiere decir vivir, moverse, ser. Debemos vivir y movernos, no conforme a los diez mandamientos ni al llamado sermón del monte, ni según ciertas doctrinas, sino conforme a nuestro espíritu mezclado.

Practiquémoslo. Todos los días, desde que amanece hasta que oscurece, cesemos de obrar por nosotros mismos, y permanezcamos en el espíritu mezclado.]

## II. SER GUIADOS POR EL ESPIRITU

[Romanos 8:14 dice: "Porque todos los que son guiados por el Espíritu de Dios, éstos son hijos de Dios". Este versículo es una continuación del pasaje anterior, en el que Pablo nos insta a andar conforme al espíritu (v. 4). En un sentido, andar conforme al espíritu es conducirnos bajo la dirección del Espíritu Santo.]

[La vida interior nos hace sentir si estamos o no bajo la dirección del Señor, aun en las cosas pequeñas. De este modo, andando conforme al espíritu y fijando nuestra mente en él, somos guiados por el Espíritu de Dios. Por lo tanto, ser guiados por el Espíritu según se menciona en el versículo 14, no depende de las circunstancias, sino del sentir interior que genera en nosotros, esto es, de la dirección de la vida divina. Ser guiados por esta vida comprueba que somos hijos de Dios, porque, "todos los que son guiados por el Espíritu de Dios, éstos son hijos de Dios".

Quisiera agregar unas palabras especialmente para los adolescentes que lean este mensaje. Cuando sus compañeros de clase hablan de una manera mundana, puede ser que ustedes sientan que no deben participar de tal conversación. Aunque nada se los impida exteriormente, sentirán la prohibición en su interior. Esta regulación interior proviene de la vida de Dios que está en ustedes, de la vida que los distingue como hijos de Dios. Puede ser que a sus compañeros de clase les emocione hablar de cosas pecaminosas, pero la vida divina que mora en usted no le permitirá decir ni una palabra; por el contrario, lo separará de ellos. Esto es ser guiado por el Espíritu. La dirección del Espíritu lo distingue y lo marca como un hijo de Dios. Por causa de esta marca, que proviene de ser guiado por el Espíritu, sus compañeros de clase se preguntarán por qué usted es tan distinto, por qué no habla como ellos. Se preguntarán esto porque ellos son hijos del diablo y usted es un hijo de Dios. La diferencia es que usted es guiado por el Espíritu en su interior.]

### III. DOS CLASES DE ANDAR POR EL ESPIRITU

[En Gálatas 5 Pablo habla dos veces acerca de andar por el Espíritu.]

#### A. Un andar habitual—el primer andar

[En el versículo 16, la palabra griega que se traduce andar, *peripatéo*, significa: caminar por todas partes, andar por doquier; por tanto, conducirse y actuar en la vida cotidiana, lo cual implica un diario andar común y habitual. Esta comprensión de andar por el Espíritu la confirman los versículos 22 y 23, donde Pablo habla del fruto del Espíritu. Los diferentes aspectos del fruto del Espíritu mencionados en estos versículos no son cosas fuera de lo usual; son aspectos de nuestra vida diaria. Así que, el andar en el versículo 16, alude a nuestro andar cotidiano y habitual.]

#### B. Un andar en fila—el segundo andar

[En el versículo 25, la palabra griega traducida andar, *stoijéo*, tiene un significado muy diferente, se deriva de una raíz que significa formarse en una línea. Se puede ilustrar mediante el movimiento del tránsito en carriles designados en una autopista. Así que, aquí la palabra griega significa andar en fila con una dirección definida. También significa marchar en formación militar. Andar de esta manera, como soldados que desfilan, requiere que mantengamos el paso.

Al comparar estas dos clases de andar, vemos que el segundo es más regulado que el primero. En el segundo tipo, debemos marchar como un ejército y mantener el paso, mientras que en el primero, podemos andar más libremente. Sin embargo, ambas clases de andar, el andar habitual y el andar en línea o fila, se experimentan mediante el Espíritu.]

[En nuestra vida diaria como cristianos, necesitamos llevar estas dos clases de andar por el Espíritu. El primero es un andar general, mientras que el segundo es un andar conforme a cierta norma o principio, para el cumplimiento del propósito eterno de Dios. En la primera clase de andar necesitamos exhibir el fruto del Espíritu, las virtudes que enumera Gálatas 5:22 y 23. Sin embargo, no estamos aquí simplemente para exhibir virtudes tales como amor, gozo y paz, sino para cumplir el propósito de Dios. Por lo tanto, necesitamos andar conforme a ciertas normas o principios, a fin de cumplir este propósito. Para cumplir el propósito de Dios necesitamos un andar ordenado, un andar conforme a ciertas normas elementales o principios básicos. Amar y estar gozosos no son normas ni principios básicos. Estos simplemente son diferentes aspectos de la vida diaria que llevamos como cristianos, no son las características del andar que conduce al cumplimiento del propósito de Dios. Este andar, la segunda clase de andar por el Espíritu, requiere que sigamos los principios básicos y las normas elementales.

Para ejemplificar las dos clases de andar por el Espíritu, podemos usar la vida diaria de una hermana joven que es estudiante. Por un lado, esta hermana vive con su familia en su casa. Si ella vive a Cristo, exhibirá las virtudes de Cristo ante los miembros de su familia. Por otro lado, debe ser una estudiante apropiada en su escuela y cumplir con todos los requisitos necesarios para graduarse. En su hogar, debe actuar como una hija y una hermana, pero en la escuela, tiene que andar como una estudiante apropiada. Necesita tanto el andar general en su hogar con su familia, como el andar más específico en la escuela, conforme a normas básicas y principios elementales.]

### C. Andar por el espíritu como norma

[Si examinamos Gálatas 5:25 a la luz de los otros versículos donde se usa la palabra griega *stoijéo* (Ro. 4:12, Fil. 3:16), veremos que andar por el Espíritu es andar por el Espíritu como nuestra norma. El Espíritu mismo es el camino, la norma, la línea y el principio que conduce hacia la meta de Dios. El Espíritu mismo debe ser nuestra norma. Si hemos de tener la segunda clase de andar por el Espíritu, debemos tomar al Espíritu como nuestra norma. Para entender esto, podemos usar el ejemplo de manejar en una autopista para llegar a un destino específico, lo cual es diferente de manejar simplemente para dar un paseo. Cuando manejamos por la autopista, los carriles son la norma que seguimos. Al manejar conforme a esta norma, podremos llegar a nuestro destino.

En nuestra vida cristiana, la segunda clase de andar por el Espíritu es un andar en el cual el Espíritu es la norma. Nuestra norma no debe ser ninguna doctrina ni teología; tampoco debe ser la ley. La intención de Pablo al escribirle a los gálatas fue decirles que no debían tomar la ley como su norma. Los creyentes gálatas se distrajeron del Espíritu y siguieron la ley, tomándola como su norma. Pablo les dijo que hacer eso era insensato, y que debían volver al Espíritu y tomarlo como su regla. Ya que vivían por el Espíritu, debían también andar por el Espíritu. Si hemos de tener la segunda clase de andar y así cumplir el propósito de Dios, primero debemos aprender a andar por el Espíritu como nuestra norma, principio y carril.

Animo a todos los santos a practicar la segunda clase de andar por el Espíritu. Debemos orar de la siguiente manera: "Señor, te seguiré a Ti para tener la segunda clase de andar por el Espíritu, para que se cumpla Tu propósito. No quiero un andar basado en doctrinas, teología, organización ni conceptos naturales. Quiero andar por el Espíritu como mi única autopista".

Gálatas 5:25 muestra que ya que recibimos la vida y vivimos por el Espíritu, debemos ahora practicar la segunda clase de andar por el Espíritu, como nuestra norma. Hemos recibido vida por el Espíritu para que podamos andar por el Espíritu, y así cumplir el propósito de Dios. ¡Qué meta tan gloriosa! La autopista que nos conduce hacia esa meta es el Espíritu, la expresión máxima del Dios Triuno procesado.

Mientras vamos por esta única autopista, no debemos desviarnos ni retroceder, sino seguir hacia la meta.]

**RESUMEN**

El mandato final del Señor es que vivamos, actuemos y conduzcamos nuestro ser conforme al espíritu. Somos guiados por el Espíritu al andar conforme al sentir interior de la vida divina. En Gálatas 5 se mencionan dos clases de andar por el espíritu. El primero es un andar diario y general, por el cual exhibimos virtudes tales como amor, gozo y paz. El segundo es un andar conforme a ciertas normas y principios elementales, el cual cumple el propósito de Dios. Debemos vivir por el Espíritu y tener el segundo andar por el Espíritu como nuestra regla.

**Preguntas**

1. ¿Qué significa la palabra "andar" en la frase "andar por el espíritu?"
2. ¿De qué manera nos ayuda el sentir de vida interior a andar por el espíritu?
3. ¿Qué versículos de Gálatas muestran las dos clases de andar por el espíritu?
4. Defina las palabras griegas "peripatéo" y "stoijéo".
5. Explique la diferencia entre las dos clases de andar que se mencionan en Gálatas 5.

**Citas tomadas de las publicaciones de Lee y LSM**

1. *Life Messages* [Mensajes de vida], págs. 431-432.
2. Nuestro espíritu humano, pág. 43.
3. *Life Messages* [Mensaje de vida], pág. 432.
4. Estudio-vida de Romanos, págs. 235, 242-243.
5. Estudio-vida de Gálatas, págs. 345-347, 391-392, 361-362.

Lección veintiuno

## SERVIR EN NUESTRO ESPIRITU

**Lectura bíblica**

Ro. 1:9; 7:6; 12:1, 11; 2 Co. 3:6, 8

**Bosquejo**

I. La vida y el servicio
II. Nuestro servicio consiste en ministrar a Cristo
III. La base de nuestro servicio
 A. El crecimiento en vida
 B. En el Cuerpo
 C. En el espíritu
  1. No en la vejez de la letra
  2. En la novedad de nuestro espíritu regenerado
IV. Ministrar a Cristo a través de nuestro servicio práctico

**Texto**

El apóstol Pablo dijo en Romanos 1:9: "Porque testigo me es Dios, a quien sirvo en mi espíritu en el evangelio de Su Hijo, de que sin cesar hago mención de vosotros siempre en mis oraciones". Luego, en 7:6, añadió: "Pero ahora estamos libres de la ley, por haber muerto a aquella en que estábamos sujetos, de modo que sirvamos en la novedad del espíritu y no en la vejez de la letra". El nos rogó: "Así que, hermanos, os exhorto por las compasiones de Dios, que presentéis vuestros cuerpos en sacrificio vivo, santo, agradable a Dios, que es vuestro servicio racional" (12:1). Además, nos exhortó a que no fuéramos perezosos en cuanto al celo, sino "fervientes en espíritu, sirviendo al Señor" (12:11).

### I. LA VIDA Y EL SERVICIO

En esta lección [hablaremos del aspecto práctico de la vida cristiana, esto es, el servicio. En la vida cristiana hay dos aspectos. El primero es la vida, un asunto orgánico, y el segundo es el servicio. Como hijos de Dios, por un lado, necesitamos una vida apropiada, una vida espiritual, y por otro, requerimos un servicio adecuado, un servicio espiritual.

En Mateo 25 el Señor Jesús habló de dos parábolas: la parábola de las diez vírgenes, que trata sobre la vida cristiana, y la parábola de los talentos, que tiene que ver con nuestro servicio. En cuanto a nuestra vida, debemos ser como vírgenes, que llevamos el testimonio de luz en nuestra mano (la lámpara), mientras salimos de este mundo para encontrarnos con nuestro Novio. Este es el aspecto de la vida, para lo cual requerimos el aceite y el testimonio de luz. Debemos salir de este mundo y esperar el regreso del Señor, llevando una vida que satisfaga los requisitos de Su venida. De esto se trata la vida cristiana.

Inmediatamente después de hablar de esta parábola, el Señor continuó con la parábola de los talentos, la cual se relaciona con nuestro servicio. Tenemos que usar el talento, el don que el Señor nos ha dado, a fin de negociarlo y obtener ganancias para El. Con los hijos del Señor, siempre están presentes estos dos aspectos: la vida y el servicio. Tenemos que crecer en vida, con el aceite y con la luz, y salir del mundo para encontrarnos con el Señor a Su regreso. También necesitamos usar apropiadamente el don, el talento, que El nos ha dado.

## II. NUESTRO SERVICIO CONSISTE EN MINISTRAR A CRISTO

El servicio al que nos referimos no es el "servicio dominical", con el cual están tan familiarizados muchos cristianos. El servicio tampoco consiste simplemente en realizar ciertas tareas, como limpiar el salón de reuniones, aunque eso puede ser parte del servicio. El verdadero servicio es funcionar en la vida de iglesia, lo cual consiste en ministrar a Cristo a los demás. Al predicar el evangelio, orar o dar un testimonio en la reunión, debemos tener presente que estamos ministrando a Cristo en otros. Una aeromoza sirve refrescos a la gente. De igual forma, en la iglesia, debemos ser aquellos que sirven a Cristo a los demás.

[Ministrar a Cristo como vida a otros debe ser el objetivo de todo lo que hagamos, ya sea limpiar el salón de reuniones, arreglar las sillas, cocinar, visitar, ministrar la Palabra, cantar u orar. Todas las actividades prácticas en la vida de iglesia son sólo el medio por el que podemos ministrar a Cristo a los demás.

Si mientras cocinamos, no impartimos a Cristo, dudo que podamos hacerlo en las reuniones. Para ministrar a Cristo en las reuniones necesitamos ejercitarnos de tal manera, que al hacer las cosas prácticas, Cristo sea ministrado por medio de éstas. Cada detalle del servicio en la iglesia debe ministrar a Cristo como vida.

Debemos aprender a servir en el espíritu y realizar el servicio de la iglesia de una manera que ministre a Cristo a los demás. Esta debe ser nuestra meta.]

### III. LA BASE DE NUESTRO SERVICIO

#### A. El crecimiento en vida

[Primero tenemos el aspecto de la vida, y luego, el aspecto del servicio. El asunto de la vida debe establecerse primero; luego, basados en él, podremos desarrollar nuestro servicio. Sin vida y sin el crecimiento adecuado en vida, no seremos aptos para servir. Los niños pequeños pueden hacer muchas cosas, pero no pueden servir, porque sencillamente no tienen el crecimiento necesario.]

En las lecciones anteriores abarcamos muchos aspectos y prácticas vitales que pueden ayudarnos a crecer en vida. Tenemos que servir de acuerdo con nuestra capacidad orgánica. No debemos poner como pretexto que somos demasiado jóvenes. Todo creyente debe tener una vida de servicio apropiada.

#### B. En el Cuerpo

[El servicio cristiano depende de la vida, y se realiza en el contexto del Cuerpo. El servicio pertenece al Cuerpo y se efectúa en El. No podemos servir al Señor de una forma individual. Si deseamos servir al Señor, tenemos que darnos cuenta de que el servicio sólo puede llevarse a cabo en el Cuerpo.

Todo creyente es un miembro del Cuerpo y forma parte de El. Un solo individuo no es el Cuerpo. Así que, un miembro en lo individual no puede funcionar sin el Cuerpo. La mano es muy útil, pero si la separamos del cuerpo, no solamente se muere, sino que se ve fea, espantosa y hasta aterradora. Tal vez le agrade estrechar mi mano, pero si ésta se desprendiera de mi cuerpo, le aterrorizaría.

En la actualidad, muchos cristianos están separados de la realidad del Cuerpo. Nuestros miembros son hermosos mientras están unidos a nuestro cuerpo, pero separados de él, son espantosos. Es lamentable que hoy muchos cristianos son como oídos que se han desprendido de su lugar y se han ubicado en el hombro. ¿Cómo pueden servir así al Señor? ¿Cómo pueden servir al Señor sin ser edificados como miembros del Cuerpo? Es imposible.]

## C. En el espíritu

### 1. No en la vejez de la letra

[Ahora llegamos a un asunto crucial; tenemos que aprender a servir en el espíritu. En Romanos 7:6 leemos: "Pero ahora estamos libres de la ley, por haber muerto a aquella en que estábamos sujetos, de modo que sirvamos en la novedad del espíritu y no en la vejez de la letra". Tenemos que aprender a servir en el espíritu, no en la letra, en la ley, ni en la doctrina, sino en el espíritu.

En 2 Corintios 3:6 se indica que el servicio neotestamentario es un asunto del Espíritu, no de la letra: "El cual asimismo nos hizo ministros competentes de un nuevo pacto, ministros no de la letra, sino del Espíritu; porque la letra mata, mas el Espíritu vivifica". El versículo 8 añade: "¿Cómo no con mayor razón estará en gloria el ministerio del Espíritu?"]

### 2. En la novedad de nuestro espíritu regenerado

Temo que muchos creyentes simplemente no sepan qué es servir en el espíritu. Antes de ser salvos, estábamos muertos en nuestro espíritu. Por un lado, éramos muy activos en nuestra mente y parte emotiva, mas estábamos muertos en el espíritu. Pero alabado sea el Señor, cuando fuimos salvos, El regeneró nuestro espíritu y lo vivificó. A partir de ese momento, hemos de aprender a vivir, andar y actuar en el espíritu, y no en la mente, parte emotiva, ni en el alma. No solamente debemos aprender a andar y vivir en el espíritu, sino también a servir en él y a hacerlo en la novedad del espíritu. Mi carga en esta lección no es impartirles una simple doctrina o teoría, sino enseñarles algo práctico.

¿Qué significa servir a Dios en el espíritu o en la novedad del espíritu? Un espíritu fue creado en nuestro ser, y nosotros hemos sido regenerados. Nuestro espíritu ha sido renovado, y ahora el Espíritu de Dios mora en él. Por lo tanto, nuestro espíritu ahora es un factor crucial de nuestro ser, lo cual sin duda se debe a que fue renovado y vivificado, y lo fortalece el Espíritu Santo que mora en él. Sin embargo, debido a que no hemos recibido la enseñanza apropiada en cuanto a esto, no nos damos cuenta de que tenemos tal espíritu renovado, en donde mora el Espíritu Santo. No obstante, ahora tenemos cierta comprensión acerca de esta verdad, debido a todo lo que el ministerio nos ha hablado al respecto.

Por un lado, debemos andar y vivir en este espíritu. No nos referimos al Espíritu Santo, sino a nuestro espíritu renovado, en el cual mora el Espíritu Santo. Si andamos y vivimos en nuestro espíritu, esto equivale a vivir en el Espíritu Santo porque el Espíritu Santo mora en nuestro espíritu. Tenemos que vivir en el espíritu y aprender a servir en el espíritu.]

### IV. MINISTRAR A CRISTO A TRAVES DE NUESTRO SERVICIO PRACTICO

[El objetivo de todo lo que hacemos en el servicio de la iglesia es ministrar a Cristo a los demás creyentes. Todo lo que hacemos debe impartirles vida.

Supongamos que vamos al salón de reuniones para ocuparnos de algunos asuntos prácticos, como arreglar las sillas, hacer la limpieza, o encargarnos de la cocina. Todo lo que hagamos debemos considerarlo como una oportunidad para ministrar a Cristo a otros. Si limpiamos, nuestra labor de limpieza debe ministrar vida. Debemos ministrar a Cristo por medio de nuestro servicio. Si enseñamos, nuestra enseñanza debe ministrar vida a los hermanos. Simplemente impartir conocimiento no es suficiente. Debemos ministrarles a Cristo por medio de nuestra enseñanza. Cuando cocinamos debe ser lo mismo. Aun al cocinar debemos ministrar a Cristo.]

[Tenemos muchas lecciones que aprender en cuanto a ministrar Cristo en los demás al hacer la limpieza, al cocinar y al realizar cualquier tipo de servicio. Cuando estamos en la reunión, parecemos tan espirituales, tan semejantes a Cristo, pero cuando estamos en la cocina, lo que menos expresamos es a Cristo. Tenemos que aprender la lección de servir a otros y a Dios, ministrando a Cristo, no importa en qué área sirvamos. Si usted toca el piano, debe hacerlo en el espíritu, debe ministrar a Cristo por medio de tocar el piano. Como miembros de la iglesia, no estamos aquí para ninguna otra cosa sino para ministrar Cristo. Si cocinamos para los santos, arreglamos el lugar de reuniones, tocamos el piano, y no impartimos a Cristo por medio de nuestro servicio, todo lo que hagamos no tendrá ningún valor. Cualquier clase de servicio que rindamos al Señor debe ministrar a Cristo a la gente. Hay mucho que aprender en cuanto a este asunto.]

## RESUMEN

Ser cristiano comprende dos aspectos: uno pertenece a la vida, y el otro, al servicio. Necesitamos tanto un servicio espiritual adecuado como un crecimiento en vida apropiado. El verdadero servicio consiste en ministrar a Cristo por medio de todo lo que hacemos, ya sea predicar el evangelio o limpiar el local de reuniones. Nuestro servicio depende del crecimiento en vida y se lleva a cabo en el Cuerpo y en nuestro espíritu regenerado.

### Preguntas

1. Explique cómo la parábola de las vírgenes y la de los talentos de Mateo 25, muestran los aspectos de la vida y el servicio.
2. ¿En qué consiste el verdadero servicio en la iglesia?
3. Puesto que el verdadero servicio consiste en ministrar a Cristo, ¿puede decir por qué nuestro servicio debe basarse principalmente en el crecimiento en vida?
4. ¿Por qué el servicio está relacionado con el Cuerpo?

SERVIR EN NUESTRO ESPIRITU 163

5. ¿Qué le ocurrió a nuestro espíritu, que en otro tiempo estuvo muerto, que ahora somos capaces de servir en la novedad del espíritu?

**Citas tomadas de las publicaciones de Lee y LSM**

1. *To Serve in the Human Spirit* [Servir en el espíritu humano], págs. 78-79, 99-100, 80-81, 90-91, 97-99.

Lección veintidós

# EL DIOS TRIUNO COMO ESPIRITU SATURA AL HOMBRE TRIPARTITO

**Lectura bíblica**

Ro. 8:1-11; Jn. 14:10-11; 1 Co. 15:45; 1 Ts. 5:22

**Bosquejo**

I. El Dios Triuno
   A. Según se revela en Romanos 8
   B. Es tres y uno
II. El hombre tripartito
   A. Cuerpo y alma y espíritu
   B. El espíritu humano caracteriza al hombre como un ser especial
   C. Regenerado por la simiente divina
III. La vida se imparte a cada parte de nuestro ser
   A. Nuestro espíritu es vida
   B. Nuestra alma llega a ser vida
   C. La vida es impartida a nuestro cuerpo mortal
   D. Todo nuestro ser es saturado de Dios
IV. La necesidad de recibir esta visión

**Texto**

### I. EL DIOS TRIUNO

**A. Según se revela en Romanos 8**

[El Espíritu al que nos referimos es *el Espíritu*, el propio Dios Triuno, quien se procesó y llegó a ser el Espíritu vivificante. El Dios Triuno, como lo dice el título de esta lección, satura al hombre tripartito. Veamos la referencia que Romanos 8:9 hace del Dios Triuno: "Mas vosotros no estáis en la carne, sino en el Espíritu, si es que el Espíritu de Dios mora en vosotros. Y si alguno no tiene el Espíritu de Cristo, no es de El". Debemos notar que este versículo menciona a Dios, a Cristo y al Espíritu. Sin embargo, aquí no se hace ninguna declaración doctrinal, sino que se refiere a nuestra experiencia. El cristianismo presenta la Trinidad como una doctrina a la cual adherirse; pero Dios se revela como el Dios Triuno al cual debemos experimentar. Dios, Cristo, y el Espíritu están ligados a nuestra experiencia.]

### B. Es tres y uno

[Juan 14 dice claramente que el Hijo está en el Padre y el Padre en el Hijo (vs. 10-11). Ver al Hijo es ver al Padre. Cuando el Hijo habla, el Padre trabaja. Ambos son inseparables. La Biblia añade que el Hijo, después de Su muerte y resurrección, se hizo el Espíritu (1 Co. 15:45). El Hijo, en quien está el Padre, llegó a ser el Espíritu. Ahora el Dios Triuno puede entrar en el hombre caído. Juntamente con el Espíritu viene el Hijo, y cuando el Hijo viene, viene también el Padre.

El término triuno significa tres en uno. Por un lado son tres; por otro, son uno, porque no pueden separarse.

Observemos los tres términos que Pablo usa en Romanos 8:9 y 10. El dice que *el Espíritu de Dios* mora en vosotros; que si *el Espíritu de Cristo* no está en nosotros, no somos de El; y que *Cristo* está en nosotros. ¿Por qué Pablo usa tres cláusulas para referirse a un mismo Dios? Porque este único Dios tiene tres aspectos: el Padre, el Hijo y el Espíritu.]

## II. EL HOMBRE TRIPARTITO

[Dios es triuno, y el hombre es tripartito. Los seres humanos tenemos espíritu, alma y cuerpo. Fuimos creados de esta manera para que pudiéramos ser injertados orgánicamente en Dios, y para que los dos espíritus, el Espíritu de Dios y el nuestro, pudieran fusionarse.]

### A. Cuerpo y alma y espíritu

[El hombre, como hemos dicho frecuentemente, puede ser representado por tres círculos concéntricos. El círculo exterior corresponde a nuestro cuerpo físico, que es la parte del hombre que tiene substancia material y que se puede ver y tocar. Además de esta parte, tenemos un alma, representada por el círculo intermedio. Esta es la parte psicológica de nuestro ser, la cual nos capacita para pensar, amar u odiar, y para tomar decisiones. Por lo tanto, el alma consiste de la mente, la parte emotiva y la voluntad. El círculo interior o central, la parte más profunda del hombre, es el espíritu. Tal vez no entendamos claramente lo que es el espíritu humano, pero estamos familiarizados con una parte de éste: la conciencia. La conciencia es más profunda que la mente, que la parte emotiva y que la voluntad.]

### B. El espíritu humano caracteriza al hombre como un ser especial

[Esta es la manera en que el hombre fue hecho. Los animales tienen una parte que corresponde al alma, pero carecen de la parte más interna, del órgano que capacita al hombre para adorar a Dios. ¡Nunca se ha dado el caso de que un asno, un mono, o una cabra hayan construido un pequeño santuario y erigido una imagen para adorarla! En cambio, la crónica de la humanidad está repleta de religiones, ídolos, templos y formas de adoración. Ya sean pueblos cultos o bárbaros, antiguos o modernos, todos tienen el deseo de adorar a un Ser supremo. ¿Cómo explicamos esta diferencia entre el hombre y los animales? ¿Qué es lo que compele al hombre a adorar? Se debe a que cuando Dios creó al hombre le dio un espíritu.]

### C. Regenerado por la simiente divina

[¿Cuál es la diferencia entre un ser humano no regenerado y un creyente? Ambos tienen estas tres partes: espíritu, alma y cuerpo. El creyente, sin embargo, tiene una simiente divina en su espíritu. ¡La simiente de Dios mora en él!]

[Esta simiente que contiene la vida y la naturaleza divinas, necesita crecer. A medida que crece, se desarrolla y se esparce desde el espíritu hacia el alma, y en especial a la mente, que es la parte principal del alma. Si permitimos que esta simiente crezca sin ninguna restricción, ésta se esparcirá incluso a nuestro cuerpo mortal.]

### III. LA VIDA SE IMPARTE A CADA PARTE DE NUESTRO SER

[En Romanos 8:1-11 vemos que después de haber pasado

por varios procesos, el Dios Triuno llegó a ser el Espíritu vivificante, el Espíritu que da vida. En el versículo 11 Pablo dice claramente que el que levantó de los muertos a Cristo, vivificará también nuestros cuerpos mortales "por Su Espíritu que mora en vosotros". Este Espíritu ahora mora en nuestro espíritu.]

### A. Nuestro espíritu es vida

[El Dios Triuno procesado como Espíritu vivificante, mora en nosotros para darnos vida de una manera triple. El primer aspecto en que nos da vida se encuentra en el versículo 10: "Pero si Cristo está en vosotros, aunque el cuerpo está muerto a causa del pecado, el espíritu es vida a causa de la justicia". Este versículo dice que si Cristo está en nosotros, nuestro espíritu es vida. En este contexto, Cristo es el Dios Triuno, quien se hizo el Espíritu que mora en los creyentes. Debido a que Cristo está en nosotros, nuestro espíritu es vida, porque como Espíritu vivificante, Él mora en nuestro espíritu, y esto hace que nuestro espíritu sea vida. Este es el primer aspecto en el que recibimos vida, según se revela en Romanos 8.]

### B. Nuestra alma llega a ser vida

[El segundo aspecto se halla en el versículo 6: "Porque la mente puesta en la carne es muerte, pero la mente puesta en el espíritu es vida y paz". La mente es la parte principal de nuestra alma, y como tal, la representa. Esto significa que cuando la mente llega a ser vida, nuestra alma llega a serlo también. Primero nuestro espíritu es vida, y luego nuestra alma también llega a ser vida.]

[En cualquier cosa que hagamos o digamos, debemos estar seguros de que nuestra mente está puesta en nuestro espíritu. Cuando nuestra mente se aparta de nuestro espíritu, somos como un aparato eléctrico que ha sido desconectado. Si nos damos cuenta de que nuestra mente no está centrada en nuestro espíritu, debemos detenernos e invocar el nombre del Señor Jesús. Muchos podemos testificar que al invocar el nombre del Señor, tenemos un profundo sentir de que nuestra mente es puesta de nuevo en el espíritu. Esto es un asunto sencillo, pero al mismo tiempo, muy crucial.]

## C. La vida es impartida a nuestro cuerpo mortal

[Finalmente, la vida es impartida a nuestro cuerpo mortal. Según el versículo 11, el que levantó de los muertos a Jesús vivificará nuestro cuerpo mortal por Su Espíritu que mora en nosotros.]

[Si permitimos que el Espíritu que mora en nosotros haga Su hogar en todo nuestro ser, El saturará nuestro cuerpo mortal, el cual se halla en una condición de muerte, con la vida de resurrección. Entonces, nuestro cuerpo mortal será vivificado, avivado y sanado con la vida divina.]

[Así, la vida se imparte a nosotros de una manera triple: nuestro espíritu llega a ser vida, nuestra mente también llega a ser vida, y esta vida se imparte aun a nuestro cuerpo mortal. Por consiguiente, podemos decir que, según Romanos 8, el Dios Triuno se imparte en el hombre tripartito y da vida al espíritu, al alma y al cuerpo del hombre.]

## D. Todo nuestro ser es saturado de Dios

Tu Espíritu me impregnará,
Saturando Dios cada parte

*Himnos* #215

[Nuestra relación con Dios debe llegar a este grado. Todo nuestro ser debe de ser saturado de El. No debemos estar satisfechos simplemente con adorarle, amarle, temerle y agradarle de una forma externa. El Dios misterioso pasó a través de un proceso: la creación, la encarnación, la vida humana, la crucifixión, la resurrección y la ascensión. Ahora El ha vuelto como Espíritu para entrar en Sus creyentes. Aleluya que El es nuestro Dios y Salvador.

Nuestro Dios no desea que le adoremos de una manera objetiva, ni que simplemente le temamos con reverencia. Tampoco requiere que cumplamos con ciertos deberes, simplemente para agradarle. Lo que El busca es que abramos la parte más profunda de nuestro ser, nuestro espíritu, y que invoquemos Su nombre. Entonces Su Espíritu entra en nosotros y hace que nuestro espíritu muerto sea vida. Desde allí, El se extiende. Cuando ponemos nuestra mente en el espíritu, el alma también es llena de Él, y llega a ser vida. A partir del alma, la vida se extiende a nuestro cuerpo mortal. De esta manera, la vida de resurrección satura nuestro cuerpo mortal. Cuando cada parte de nuestro ser es saturada con el Espíritu vivificante todo-inclusivo, participamos de la unión que Dios desea.]

### IV. LA NECESIDAD DE RECIBIR ESTA VISION

[Todos necesitamos tener la visión de que el Dios Triuno se imparte en las tres partes de nuestro ser. Si obtenemos tal visión divina, nuestros conceptos naturales, éticos y morales serán desechados. Debemos decirle al Señor: "Señor, te doy gracias porque desde que entraste a mí, mi espíritu se ha convertido en vida. Ahora, siempre que pongo mi mente en el espíritu, ésta también se vuelve vida. ¡Oh Señor, cuánto te alabo! Por medio de Tu Espíritu que mora en mí, Tu vida *zoé* (la vida divina, gr.) puede impartirse aun a mi cuerpo mortal. Señor, te adoro por esto, lo disfruto, y soy uno contigo en esta impartición". Así se imparte la vida del Dios Triuno en el hombre tripartito. De esta manera, el Dios Triuno se hace uno con el hombre tripartito, y el hombre tripartito se hace uno con el Dios Triuno. Por medio de esta impartición, llegamos a ser hijos de Dios, y somos transformados y conformados a la imagen de Cristo. Esta es la vida cristiana y la vida de iglesia.]

### RESUMEN

Romanos 8 revela que el Dios Triuno se imparte en el hombre tripartito. El Dios Triuno como Espíritu entra en el espíritu del hombre y lo hace vida. Al poner la mente en el espíritu, ésta también llega a ser vida, y finalmente esta vida se imparte a nuestro cuerpo mortal. Así, el Dios Triuno como Espíritu, satura por completo al hombre tripartito, y Dios y el hombre se hacen completamente uno.

### Preguntas

1. Explique cómo se revela el Dios Triuno en Romanos 8.
2. ¿De cuántas partes se compone el hombre? Menciónelas.

3. ¿Qué es lo que distingue al hombre de las demás criaturas?
4. Explique cómo el Dios Triuno mora en nosotros para darnos vida de una manera triple.

**Citas tomadas de las publicaciones de Lee y LSM**

1. *Life Messages* [Mensajes de vida], págs. 516-518, 710-711.
2. Estudio-vida de Romanos, pág. 753.
3. Estudio-vida de Hebreos, pág. 770.
4. Estudio-vida de Romanos, pág. 753.
5. Estudio-vida de Juan, pág. 173.
6. Estudio-vida de Romanos, pág. 753.
7. Life Messages, pág. 519.
8. Estudio-vida de Romanos, pág. 707.

Lección veintitrés

## EL CUERPO DE CRISTO Y NUESTRO ESPIRITU REGENERADO

**Lectura bíblica**

Ef. 1:17; 2:22; 3:16; 4:23; Ro. 8:6; Col. 1:19; 2:9; Ef. 6:18

**Bosquejo**

I. El Cuerpo de Cristo y nuestro espíritu regenerado según se revelan en Efesios
II. Necesitamos un espíritu de revelación para ver lo que es el Cuerpo de Cristo
III. Edificados juntamente en espíritu
IV. Fortalecidos en el hombre interior
V. Renovados en el espíritu de nuestra mente
VI. Llenos en el espíritu
VII. Orar en el espíritu

**Texto**

[En el cristianismo actual, la vida de iglesia está ausente casi en su totalidad debido a que la mayoría de los cristianos no conocen el espíritu humano. La gran parte de sus enseñanzas se centran en la mente. Sin embargo, el libro de Efesios no está enfocado en la mente, sino en el espíritu. Nuestro espíritu debe ser un espíritu de sabiduría y revelación, el lugar donde se edifica la morada de Dios, el órgano en el cual Dios nos revela Su misterio, y el hombre interior fortalecido por el Espíritu de Dios. Además, necesitamos ser renovados en el espíritu de nuestra mente y debemos orar en el espíritu. A través del ejercicio apropiado, finalmente nuestro espíritu será lleno hasta la medida de toda la plenitud de Dios. Esta es la mezcla de Dios y el hombre, lo cual produce la vida de iglesia.]

## I. EL CUERPO DE CRISTO Y NUESTRO ESPIRITU REGENERADO SEGUN SE REVELAN EN EFESIOS

[En primer lugar, debemos ver que el Cuerpo se experimenta absolutamente en el espíritu, en nuestro espíritu humano. Nuestro espíritu regenerado está habitado por el Espíritu Santo, pero hoy el énfasis del Cuerpo de Cristo está en nuestro espíritu humano, y no en el Espíritu Santo. Por tanto, en cada capítulo del libro de Efesios se menciona algo acerca del espíritu humano regenerado. Efesios es un libro que trata del Cuerpo, y cada capítulo contiene al menos un versículo que habla del espíritu humano. Necesitamos orar-leer estos versículos repetidas veces.]

## II. NECESITAMOS UN ESPIRITU DE REVELACION PARA VER LO QUE ES EL CUERPO DE CRISTO

[Pablo oró que el Padre de gloria "os dé espíritu de sabiduría y de revelación" (Ef. 1:17). El espíritu aquí se refiere a nuestro espíritu regenerado, en el cual mora el Espíritu de Dios. Es necesario que veamos el Cuerpo, pero nunca podremos verlo a menos que estemos en el espíritu. Si no tenemos la visión en el espíritu, si no tenemos un espíritu de revelación, un espíritu perceptivo, no podremos ver el Cuerpo. Si nuestros ojos no tienen visión, no podremos distinguir entre un color y otro, y no podremos apreciar el panorama. El Cuerpo de Cristo es diferente a todas las escenas que podamos ver y a todos los colores naturales. Es una visión celestial. Por lo tanto, necesitamos un espíritu de revelación, un espíritu que pueda ver el Cuerpo. No me refiero a una mente hábil; lo que necesitamos es un espíritu transparente, un espíritu de revelación, capaz de ver el Cuerpo. El espíritu de revelación que nos capacita para ver el Cuerpo es el primer aspecto en cuanto a nuestro espíritu que se aborda en este libro, el cual habla de la iglesia.]

[Utilizar nuestra mente para tratar de entender el tema de la iglesia, en lugar de volvernos a nuestro espíritu para recibir una revelación de ella, es como intentar ver los colores con nuestros ojos cerrados. Si cerramos los ojos, no podremos usar la facultad de la vista, y simplemente no podremos ver ningún color. No se pueden ver los colores con la facultad del entendimiento. En cambio, si abrimos los ojos, todas las dudas y preguntas se esfumarán, y podremos distinguir cualquier color. Es posible que no podamos explicar lo que vemos, pero nuestros ojos verán claramente los colores y podrán distinguir entre un color y otro. Para ver los colores, necesitamos abrir los ojos; para ver la iglesia, necesitamos volvernos a nuestro espíritu.

Debemos volvernos a nuestro espíritu y comprender que tenemos un espíritu de revelación. Ver la iglesia es sencillo si utilizamos el órgano apropiado. En el espíritu, la visión de la iglesia es muy clara. La iglesia local es diferente de todas las denominaciones. Puede ser que usted no sea capaz de explicar la diferencia, pero cuando se vuelve a su espíritu y ve la iglesia, sabrá la diferencia y verá la iglesia.]

### III. EDIFICADOS JUNTAMENTE EN ESPIRITU

[La iglesia se percibe en el espíritu, y se edifica también en el espíritu. En Efesios 2:22 Pablo dice: "Vosotros también sois juntamente edificados para morada de Dios en el espíritu". Cuando permanecemos fuera del espíritu, estamos divididos, somos facciosos y causamos división. Es muy fácil ser facciosos e individualistas. Simplemente al estar fuera de nuestro espíritu, en nuestra mente, o al estar en nuestra parte emotiva, nos volvemos divisivos e individualistas, y no estamos dispuestos a ser concertados, o acoplados, en el Cuerpo. Si este es el caso, conservaremos nuestros gustos y preferencias, lo que nos agrada y desagrada, nuestras opiniones acerca de los hermanos y las hermanas, y preferiremos quedarnos en nuestra casa, antes que estar en las reuniones con los santos. Si permanecemos fuera de nuestro espíritu, no veremos la importancia de ser acoplados, y seremos diferentes a los demás, cuidando de nuestra personalidad individual, y preocupándonos por mantener nuestro prestigio. Es imposible ser acoplados mientras estemos fuera del espíritu y mantengamos nuestros conceptos. Sin embargo, si nos volvemos a nuestro espíritu, inmediatamente nos daremos cuenta que necesitamos ser concertados, y estaremos dispuestos a ello, e inclusive gemiremos al Señor por Su misericordia para que El nos concerta con todos los santos.]

### IV. FORTALECIDOS EN EL HOMBRE INTERIOR

[Además, necesitamos ser fortalecidos en el hombre interior, en nuestro espíritu humano regenerado. En el capítulo tres de Efesios, Pablo oró: "Para que os dé, conforme a las riquezas de Su gloria, el ser fortalecidos con poder en el hombre interior por Su Espíritu" (v. 16). No sólo en nuestro espíritu vemos el Cuerpo y se edifica el Cuerpo, sino también en el espíritu somos fortalecidos en el hombre interior. Para ser fortalecidos, necesitamos estar en el espíritu. Somos demasiado fuertes en nuestra parte emotiva, en nuestra voluntad y en la mente, pero no estamos suficientemente fortalecidos en el hombre interior, en el espíritu. Necesitamos que Dios nos fortalezca, lo cual se lleva a cabo en nuestro espíritu.]

### V. RENOVADOS EN EL ESPIRITU DE NUESTRA MENTE

[En el capítulo cuatro de Efesios, después del fortalecimiento del hombre interior, está la renovación del espíritu de la mente (v. 23). Cada parte de nuestra mente necesita ser completamente renovada en el espíritu que se apodera, ocupa y posee nuestra mente y se convierte en el espíritu de nuestra mente. Es posible que no nos demos cuenta de cuánto la mente controla al espíritu y aun al Espíritu Santo, pero sin la cooperación de nuestra mente, el Espíritu Santo no puede poseernos de manera completa. En este sentido, el Espíritu Santo está bajo el control de nuestra mente. Sin embargo, éste no es el orden apropiado. Tanto el Espíritu Santo como nuestro espíritu humano, deben estar por encima de nuestra mente y tomar control de ella. La mente debe ser puesta en el espíritu (Ro. 8:6), y el espíritu debe gobernar, poseer, ocupar, capturar, controlar y subyugar nuestra mente. Este es el espíritu que nos renueva.

Necesitamos ser renovados continuamente, cada día, a cada hora y a cada momento, y esto se lleva a cabo en el espíritu renovador y por medio de él. Si esto es así, la vida de iglesia local será real y preciosa para nosotros, y entenderemos que no hay otra forma de avanzar, no existe otro camino].

## VI. LLENOS EN EL ESPIRITU

[En los primeros cuatro capítulos de Efesios se habla de ver en el espíritu (1:17), de edificar en el espíritu (2:22), de ser fortalecidos en el espíritu (3:16), y de ser renovados en el espíritu (4:23). En el capítulo cinco, Pablo indica que necesitamos ser llenos en el espíritu. Según 3:19, ser llenos en el espíritu implica ser llenos hasta la medida de toda la plenitud de Dios. Cuando Cristo hace Su hogar en nuestro corazón, y somos capaces de comprender con todos los santos las dimensiones de Cristo, y de conocer por experiencia Su amor, que excede a todo conocimiento, seremos llenos hasta la medida de toda la plenitud de Dios. Esta plenitud habita en Cristo (Col. 1:19; 2:9). Cuando Cristo mora en nosotros, imparte a nuestro ser todo lo que Dios es. Podemos ser llenos de Dios a tal medida, a la medida de toda la plenitud de Dios].

[A menudo tenemos la mente totalmente ocupada, pero estamos vacíos en el espíritu. Nuestro espíritu parece una llanta desinflada, pero nuestra mente y parte emotiva rebosan. Necesitamos orar de manera que nuestra mente y parte emotiva se vacíen, y que seamos llenos en nuestro espíritu hasta la medida de toda la plenitud de Dios. Entonces la vida de iglesia será muy preciada para nosotros y la valoraremos como nuestro mayor tesoro.]

## VII. ORAR EN EL ESPIRITU

[Finalmente, en el capítulo seis de Efesios, Pablo dice que necesitamos orar en todo tiempo en el espíritu (v. 18). Esta es la oración de un miembro del Cuerpo identificado con Cristo en el trono, uno que siempre reclama lo que es suyo, proclama los hechos, da órdenes al Señor, y ata al enemigo. Esta no es la oración de un limosnero; no es una súplica ni la oración de un pobre pecador. No es la oración de los santos menesterosos ni débiles que suplican al Señor, sino la oración del Cuerpo, la oración de los miembros del Cuerpo identificados con la Cabeza].

[Necesitamos ver el Cuerpo en el espíritu, ser edificados en el espíritu, ser fortalecidos en el espíritu, ser renovados en el espíritu, ser llenos hasta la medida de toda la plenitud de

Dios en el espíritu, y orar en el espíritu como miembros del Cuerpo, identificados con la Cabeza. Si experimentamos esto, espontáneamente tendremos la vida de iglesia. Si no es así, será imposible tenerla. Hablaremos mucho acerca de la vida del Cuerpo, y tendremos muchas enseñanzas acerca de la iglesia, pero no comprenderemos qué es en realidad la vida de iglesia. Les insto una vez más a que se vuelvan al espíritu, porque es ahí donde se experimenta la vida de iglesia.]

## RESUMEN

El Cuerpo de Cristo es una experiencia que se tiene absolutamente en el espíritu, en nuestro espíritu humano. A fin de ver el Cuerpo, necesitamos un espíritu de sabiduría y revelación. La edificación de la iglesia se realiza también en el espíritu. Además, para ser fortalecidos en el hombre interior, necesitamos estar en el espíritu. Necesitamos ser renovados en el espíritu de nuestra mente, y necesitamos orar en espíritu. Por medio del ejercicio de nuestro espíritu somos llenos hasta la medida de toda la plenitud de Dios, y así se produce la vida de iglesia.

## PREGUNTAS

1. ¿Por qué decimos que el libro de Efesios muestra que el Cuerpo de Cristo está relacionado con nuestro espíritu humano?
2. ¿Qué problemas encaramos cuando tratamos de entender la iglesia con nuestra mente?
3. ¿Cómo es que la edificación de la iglesia se produce cuando nos volvemos a nuestro espíritu, y no permanecemos en nuestra mente y parte emotiva?
4. ¿Por qué Efesios 4 le llama a nuestro espíritu "el espíritu de nuestra mente"?
5. ¿Qué versículos de Efesios muestran que:
   a) Obtenemos visión en el espíritu.
   b) Edificamos en el espíritu.
   c) Somos fortalecidos en el espíritu.
   d) Somos renovados en el espíritu.
   e) Somos llenos en el espíritu.

## Citas tomadas de las publicaciones de Lee y LSM

1. *Life-study of Ephesians* [Estudio-vida de Efesios], pág. 570.
2. *To Serve in the Human Spirit* [Servir en el espíritu humano], págs. 31, 32, 34, 36-40.

Lección veinticuatro

# LA CONSUMACION DE LOS DOS ESPIRITUS

**Lectura bíblica**

Ap. 1:12, 20; Jn. 14:17-20; 16:13-15; Ap. 22:17a, 1:2, 9; 19:7-10; 21:2, 9, 11, 18-21; 22:1-2, 14.

**Bosquejo**

I. La iglesia
   A. La mezcla de la vida divina y la vida humana
   B. Los candeleros: la corporificación de Cristo y la réplica del Espíritu
II. La Nueva Jerusalén: el Espíritu y la novia unidos
   A. El matrimonio universal
   B. La Trinidad se mezcla con Sus redimidos
      1. La naturaleza del Padre, la redención efectuada por el Hijo y la transformación realizada por el Espíritu
      2. La consumación de la impartición divina
   C. Expresa a Dios plenamente por la eternidad

**Texto**

**I. LA IGLESIA**

**A. La mezcla de la vida divina y la vida humana**

En las lecciones anteriores [indicamos que el propósito de Dios al impartirse en el hombre y hacerse uno con él es obtener la iglesia. Para poder impartirse en el hombre, Dios tiene que ser triuno: el Padre, el Hijo y el Espíritu. Además, el hombre neceisita la imagen de Dios y un espíritu para recibir a Dios y asimilarlo. Un día, el Hijo de Dios, la corporificación del Padre, se hizo hombre. Después de pasar por la vida humana, la crucifixión y la resurrección, llegó a ser el Espíritu vivificante. Dios como Espíritu, entró en nosotros y se mezcló con nuestro espíritu. Mediante este proceso, se introdujo a nuestro ser una vida híbrida, una entidad compuesta de la fusión de la vida divina con la vida humana. Esto es la iglesia.

Dios ya no es un Dios "crudo", sino un Dios procesado. El realizó todo lo necesario para entrar en nosotros como Espíritu vivificante. Ahora, debemos creer en El e invocar el nombre del Señor Jesús. Cuando hacemos esto, el Espíritu vivificante entra en nuestro espíritu y se efectúa en nosotros una mezcla de la vida divina y la vida humana. Esta mezcla produce la iglesia.]

[Nuestra experiencia testifica que el propio Cristo, a quien disfrutamos, es el Espíritu vivificante. ¿Acaso no tiene usted la realidad del Dios vivo? El es Cristo mismo, a quien disfrutamos y experimentamos, y de quien participamos en nuestro espíritu. El es el Espíritu vivificante, el propio Cristo. De este modo, Dios se ha corporificado en Cristo, y Cristo es experimentado por nosotros como Espíritu vivificante. Esta experiencia da como resultado la iglesia. Mientras más experimentamos a Cristo de esta manera, más anhelamos la iglesia.]

### B. Los candeleros: la corporificación de Cristo y la réplica del Espíritu

En Apocalipsis 1 vemos las iglesias como siete candeleros de oro (véase también las lecciones 7 y 12 del libro de lecciones: *El Dios Triuno y la persona y obra de Cristo*).

[Cristo nos es hecho real como Espíritu y el Espíritu se expresa en las iglesias. El Espíritu resplandeciente es la realidad del Cristo resplandeciente, y las iglesias resplandecientes son la réplica y expresión del Espíritu resplandeciente, lo cual cumple el propósito eterno de Dios, que tiene su consumación en la Nueva Jerusalén, la ciudad resplandeciente y consumada. Cristo, el Espíritu y las iglesias tienen todos la misma naturaleza divina.]

[Las iglesias son los candeleros, y las lámparas son el Espíritu de Dios siete veces intensificado, como expresión de Cristo. Esta luz es cada vez más resplandeciente, y la visión cada día más clara.

Las iglesias locales, que son los candeleros de oro, resplandecen por medio del Espíritu en esta era obscura. La iglesia realmente necesita el Espíritu de Dios siete veces intensificado para llevar el testimonio de Jesús, el cual resplandece en esta era de tinieblas.

# LA CONSUMACION DE LOS DOS ESPIRITUS

La iglesia es la corporificación de Cristo y la réplica del Espíritu. El Espíritu es la realidad de Cristo (Jn. 14:17-20; 16:13-15), y la iglesia, la réplica del Espíritu (Ap. 22:17a). La iglesia con el Espíritu es la corporificación de Cristo, el testimonio mismo de Jesús (Ap. 1:2, 9; 19:10). Por lo tanto, cuanto más Espíritu haya, más iglesia y más testimonio de Jesús tendremos.]

[La iglesia es la corporificación del Dios Triuno que se imparte en nosotros y se compenetra con nosotros; es el Dios Triuno mezclado con la humanidad, formando una sola entidad (Ap. 22:17a). No es posible separarlos. Este es el Espíritu quien como consumación del Dios Triuno llega a Sus redimidos, y es la consumación de la impartición divina en esta era.]

### II. LA NUEVA JERUSALEN: EL ESPIRITU Y LA NOVIA UNIDOS

[Finalmente, esta consumación llegará a la etapa final, la Nueva Jerusalén. La Nueva Jerusalén es una entidad singular: la esposa del Cordero, la novia (Ap. 22:17).]

### A. El matrimonio universal

[La consumación de la impartición divina resultará en un matrimonio universal (Ap. 19:7-9; 21:2, 9). El Espíritu como consumación del Dios Triuno procesado que se imparte en Su pueblo redimido, estará presente como el Novio; y el pueblo redimido, como consumación de la humanidad redimida, regenerada y transformada, estará allí como la novia. Sabemos esto porque Apocalipsis 22:17 dice así: "Y el Espíritu y la novia dicen: Ven". En este versículo el Espíritu y la novia, como una pareja, dicen juntamente: "Ven". El esposo es el Espíritu, y la esposa es la novia.]

### B. La Trinidad se mezcla con Sus redimidos

#### 1. *La naturaleza del Padre, la redención efectuada por el Hijo y la transformación realizada por el Espíritu*

[La Nueva Jerusalén se compone de la Trinidad Divina y el pueblo que Dios redimió. Primeramente se compone de la naturaleza de Dios el Padre, representada por el oro. La ciudad y su calle son de oro puro (21:18, 21b), lo cual simboliza a Dios el Padre en Su naturaleza. Las doce puertas de la Nueva Jerusalén, las cuales son doce perlas (21:21a), representan a Dios el Hijo, quien vence la muerte, y Su resurrección, que imparte vida. Una ostra es un pequeño animal que vive en las aguas de muerte. Tiene una vida que vence dichas aguas y que al secretar un elemento vivo, produce perlas. La muerte victoriosa de Cristo, más Su resurrección que imparte la vida, secretan el "jugo" de la vida divina, a fin de transformarnos en perlas. Así que, en la perla podemos ver al Hijo en Su muerte y resurrección. La perla representa al pueblo de Dios, redimido y regenerado. Según Juan 3, la regeneración es la entrada al reino. No se puede entrar al reino de Dios a menos que se nazca del Espíritu (Jn. 3:5). La regeneración es la entrada, la puerta a la Nueva Jerusalén.

Las piedras preciosas representan la obra transformadora de Dios el Espíritu (Ap. 21:11, 18-20). Después de la regeneración, el Espíritu sigue obrando y transforma al pueblo regenerado de Dios, para hacer de cada uno de ellos una piedra preciosa. Vemos así que la Nueva Jerusalén se compone del Padre como substancia, del Hijo como entrada y del Espíritu, quien realiza la transformación. Es el edificio compuesto de la Trinidad y la humanidad redimida, regenerada y transformada.]

### 2. *La consumación de la impartición divina*

[La Nueva Jerusalén está llena de Dios el Espíritu, quien es el río de agua viva que fluye del trono de Dios el Padre y del Cordero, Dios el Hijo. En el río crece el árbol de vida (Ap. 22:1-2). El agua de vida, que es Dios el Espíritu, sacia nuestra sed; y el árbol de vida, Dios el Hijo, nos nutre. Toda la ciudad, la cual es una entidad compuesta de la Trinidad y Su pueblo redimido, es abrevada, alimentada e saturada con la vida divina, lo cual es nada menos que el Dios Triuno (Ap. 22:1-2, 14, 17), quien se imparte en Su pueblo redimido y lo satura consigo mismo. ¡Qué cuadro tan maravilloso! Esta es la compenetración del Dios Triuno con Su pueblo redimido. La naturaleza del Padre es la substancia; la redención efectuada

LA CONSUMACION DE LOS DOS ESPIRITUS    185

por el Hijo, incluyendo Su muerte y resurrección, es la entrada; y la transformación realizada por el Espíritu es la operación que nos hace divinos y preciosos. Tal entidad es la Nueva Jerusalén, la cual está llena de la vida eterna, que es el mismo Dios Triuno. Esta es la consumación de la impartición divina.

Espero en el Señor que a través de estos mensajes ustedes reciban la visión de la economía de Dios, de la meta de Dios y de lo que Dios realiza para alcanzar Su meta. Lo que Dios hace es impartirse en nosotros como el Padre, la fuente, como el Hijo, la expresión, y como el Espíritu, quien entra en usted y en mí. Esta es la obra que El realiza día y noche. El está trabajando para lograr esta meta, a fin de que todos lleguemos a ser el candelero que exprese al Dios Triuno en esta era, y finalmente, la novia por la eternidad, una entidad compuesta de la humanidad redimida y regenerada, saturada del Dios Triuno como vida.]

### C. Expresará a Dios plenamente por la eternidad

[Esta entidad, compuesta del Dios Triuno y Su pueblo redimido, expresará a Dios plenamente por la eternidad (Ap. 21:11a). Así que, al final de los sesenta y seis libros de la Biblia, el Espíritu es la consumación final del Dios Triuno.

Ahora entendemos por qué Juan declara que el Hijo vino en el nombre del Padre, y el Espíritu, en el nombre del Hijo. En su evangelio, Juan prepara el camino para mostrarnos que estos tres —el Padre, el Hijo y el Espíritu— no están separados, de hecho son uno. La fuente, la expresión y la entrada a nosotros se convierten en la consumación. El Espíritu no está separado del Hijo ni del Padre. El Espíritu es la consumación del Dios Triuno. Este Espíritu, quien es el novio, es la totalidad y la consumación del Dios Triuno. El es apto para ser el esposo que se casa con la esposa, quien es la consumación de todo el pueblo de Dios, redimido y regenerado. Esta es una pareja universal que se produce al casarse la divinidad con la humanidad.]

[Así vemos dos consumaciones. En la primera, la divinidad pasó por un proceso —la encarnación, crucifixión, resurrección y la ascensión— para llegar a ser el Espíritu, la totalidad y la consumación del Dios Triuno, a fin de ser el Novio. En la segunda, la humanidad también pasó por un proceso —la redención, la regeneración y la transformación— para llegar a ser la consumación de los escogidos, redimidos, regenerados y transformados de Dios. La consumación del Dios Triuno y la consumación del pueblo que Dios escogió, redimió, regeneró y transformó, se fusionan en un matrimonio universal. El hombre procesado se corresponderá al Dios procesado para siempre, a fin de ser Su plena expresión y satisfacción.]

### RESUMEN

El Dios Triuno procesado, quien es el Espíritu vivificante, se imparte en el hombre y se mezcla con él para producir la iglesia. Ya que el Espíritu es la realidad de Cristo, cuanto más nos mezclemos con el Espíritu, más seremos la corporificación de Cristo. También hemos de ser los candeleros que resplandecen con el Espíritu siete veces intensificado en la era obscura, para constituir el testimonio de Jesús. Esta mezcla de Dios y el hombre se consuma finalmente en la Nueva Jerusalén, donde el Espíritu como Novio y la iglesia como novia se unen en un matrimonio universal. La Nueva Jerusalén, el producto final de la impartición del Dios Triuno en el hombre, que expresará al Dios Triuno por la eternidad.

### PREGUNTAS

1. ¿Qué significa el término "consumación"?
2. ¿De qué manera se mezcla el Dios Triuno con el hombre para producir la iglesia?
3. ¿Cómo muestran los candeleros de oro de Apocalipsis 1 que las iglesias son la corporificación de Cristo y la réplica del Espíritu?
4. ¿Qué significa la Nueva Jerusalén, ya que no es una ciudad física?
5. ¿Qué representan el oro, la perla y las piedras preciosas en la Nueva Jerusalén?
6. Con relación al matrimonio universal de Apocalipsis:
    a. ¿Quién es el Novio?
    b. ¿Quién es la novia?
    c. ¿En qué consiste el proceso por el cual pasó el Novio?

LA CONSUMACION DE LOS DOS ESPIRITUS 187

d. ¿En qué consiste el proceso por el cual pasó la novia?

**Citas tomadas de las publicaciones de Lee y LSM**
1. *Life-study of Ephesians* [Estudio-vida de Efesios], pág. 573.
2. Estudio-vida de Apocalipsis, págs. 78-79, 87, 93.
3. *The Divine Dispensing of the Divine Trinity* [La impartición divina de la Trinidad Divina], págs. 41-44.

LIBROS DE ESTA SERIE
*Living Stream Ministry*

Libro de lecciones, nivel 1:
La salvación completa que
Dios efectúa                                    0-7363-0868-7

Libro de lecciones, nivel 2:
El Dios Triuno y
la persona y obra de Cristo                     0-7363-0925-X

Libro de lecciones, nivel 3:
Los dos espíritus: El Espíritu divino
y el espíritu humano                            0-7363-1125-4

Libro de lecciones, nivel 4
Conocer y experimentar la vida                  0-7363-1471-7

*Se puede pedir en:*
Librerías cristianas o Living Stream Ministry
2431 W. La Palma Ave. • Anaheim, CA 92801
1-800-549-5164 • www.livingstream.com